CHAQUE MATIN
EST UNE GRÂCE

Léonida
Grande-duchesse de Russie

CHAQUE MATIN EST UNE GRÂCE

JC Lattès

En mémoire de mon mari Wlamidir.
À mes filles Hélène et Maria.
À mon petit-fils Georges.

« On ne saisit pas la Russie par la raison. On ne la mesure pas au mètre-étalon. Sa stature est trop singulière. La Russie, il faut croire en elle. »

Tioutcheff

1

Exil et résurrection

Moscou, le 20 août 2000. Installée à droite de l'autel, entourée de ma fille Maria et de mon petit-fils Georges, mon regard ne peut se détacher du patriarche Alexis II. Dans quelques secondes, il présentera aux milliers de fidèles qui se serrent, debout, dans la cathédrale Saint-Sauveur, l'icône des nouveaux martyrs au sein desquels figure la famille impériale. Puis il la bénira. Par ces gestes, Nicolas II, son épouse Alexandra et leurs enfants Alexis, Olga, Tatiana, Maria et Anastasia, entreront dans la communion des saints.

Les conclusions du Concile sont empreintes de simplicité : « Le dernier monarque orthodoxe russe et les membres de sa famille nous apparaissent comme des gens qui ont sincèrement cherché à incarner dans leur propre vie les commandements de l'Évangile. Dans les souffrances qu'a endurées, avec patience et résignation, la famille du tsar lors de sa détention et les morts-martyrs à Ekaterinbourg (Oural) le 17 juillet 1918, apparaît la lumière toute-puissante du Christ. »

Oui, j'ai moi-même souvent pensé à cette terrible nuit où la couronne, le trône, les fastes et la gloire évanouis, un père, une mère, leurs enfants furent entraînés dans un sous-sol obscur pour y être sauvagement assassinés. Leur sort aurait pu être le mien et je ne doute pas que leur dernière pensée fut une prière montant vers le Ciel.

La cérémonie de canonisation durera six heures. C'est long et pénible pour une femme qui fêtera dans quelques semaines ses quatre-vingt-six ans. Mais que représentent ces centaines de minutes face aux décennies durant lesquelles le nom et l'honneur des Romanoff ont été souillés puis jetés aux oubliettes de l'Histoire ?

Quel chemin accompli par la Russie en quelques années ! Qui aurait pu imaginer, il y a seulement quinze ans, un tel événement possible ? Personne. Pas même Wladimir, mon mari, héritier du trône jusqu'à sa mort en 1992. À cela une raison simple, la cathédrale Saint-Sauveur où je me trouve n'existait pas il y a quinze ans. Ou plutôt n'existait plus.

Bâtie en l'honneur de la victoire d'Alexandre Ier en 1812 contre les troupes de Napoléon, son chantier grandiose avait duré quarante-cinq ans. Lors de sa bénédiction en 1883 en présence d'Alexandre III, elle était visible de tout Moscou. Habillés de plaques de marbre de l'Altaï ou de granit de Finlande, ses murs avaient plus de trois mètres d'épaisseur. Surmontée d'une croix à trois niveaux, l'église était couronnée par une coupole recouverte d'une feuille de cuivre de cent soixante-seize tonnes et entourée de quatre clochers. On y entrait par douze portes coulées dans le bronze. À l'intérieur : trois mille chandeliers, une iconostase éblouissante, des dizaines de fresques exécutées par les plus grands peintres russes du XIXe siècle.

Sur décision de Staline, ce chef-d'œuvre architectural fut pillé et détruit au moyen d'explosifs le 5 décembre 1931. Quelques minutes suffirent pour mettre à bas un édifice élevé en un demi-siècle. Un monstrueux palais des soviets devait y être érigé. Il ne vit jamais le jour. Chantier à l'abandon, le lieu devint une sorte de piscine marécageuse à ciel ouvert pendant des années. Jusqu'à la chute du communisme. Jusqu'à ce que sa reconstruction à l'identique soit décidée. Et réalisée.

Non, je ne rêve pas. Je suis bien dans la cathédrale Saint-Sauveur devant sa sainteté Alexis II, sept autres patriarches venus de l'Est et de l'Ouest manifester l'unité de l'orthodoxie, entourés de cent cinquante évêques représentant toutes les Russies, coiffés de leurs mitres, revêtus de leurs habits d'or et de lumière. Seule la présence des caméras de télévision et de photographes m'empêche d'oublier que nous sommes en l'an 2000. C'est pourtant bien la Russie éternelle que je vois là et entends dans les volutes d'encens, le chatoiement des cierges, le ballet des diacres, le roulement de ces chœurs magnifiques qui rythme la liturgie. Cette Russie que j'aime et que j'ai quittée, voilà soixante-dix ans, pour échapper à une mort promise. Je n'étais alors pas une Romanoff, juste une princesse géorgienne qui n'avait pas vingt ans mais était déjà mûrie par les épreuves.

Aujourd'hui, alors que je suis une dame âgée, ma vie n'est pas pour autant achevée. Un ami cher me disait récemment : « Altesse, la reine mère d'Angleterre vient de fêter ses cent ans. Vous ne pouvez pas faire moins ! » Je le souhaite. Ne serait-ce que pour continuer à voir grandir mon petit-fils, futur héritier du trône impérial, après sa mère, la grande-duchesse Maria, Wladimir et moi l'avons préparé dès son enfance à se montrer à la hauteur de la responsabilité qui lui incombera un jour. Jusqu'à mon dernier souffle, je l'accompagnerai sur la voie de son destin. En accomplissant mon devoir de transmission.

Ce livre fait partie de mon devoir de transmission. Non que j'estime ma vie exemplaire — qui peut avoir cette prétention ? Mais je la crois à l'image de ce que fut celle de nombreux Russes à travers ce siècle. Je suis née en Géorgie, j'ai vu la Révolution et l'instauration du communisme dans mon pays avec son cortège de folies et de massacres. J'ai grandi dans cette Union soviétique que ceux qui la connaissaient le moins en Occident vénéraient le plus. J'ai fui ma terre natale, drame indicible, pour me réfugier en France puis en Espagne, non sans emporter dans mon cœur un peu de cette terre sainte rougie par le sang de millions de paysans, d'intellectuels, d'aristocrates et d'ouvriers. J'ai prié, pleuré, supplié, combattu au côté de l'homme que j'aimais pour que la Russie recouvre sa liberté, sa foi et sa grandeur. J'ai crié de joie, chanté, prié, quand le communisme s'est effondré à Moscou. Et je suis revenue. Plus de quarante fois depuis 1991. Seule ou accompagnée par ma fille et mon petit-fils. À Saint-Pétersbourg rebaptisée, à Moscou, à Ekaterinbourg en Sibérie, à Tiflis en Géorgie. J'ai sillonné le pays, mon pays, à pied, en voiture, en train, en avion. Comme pour rattraper le temps perdu.

Je n'oublie pas, non plus, que c'est en femme que j'ai vécu tout cela, que j'ai traversé un siècle, ou presque, au cours duquel les souffrances des femmes auront été incommensurables. Les hommes ont fait les guerres, les révolutions, les politiques et les femmes en ont subi les effets dans leurs enfants, dans leurs foyers. Comme beaucoup d'entre elles, j'ai appris qu'il nous fallait désormais témoigner activement de l'espérance.

Ai-je toujours suivi la bonne direction ? Je l'ignore. Mais j'ai, ancrée en moi, comme en Gueorgui, cette foi qui, mieux que la raison, permet de comprendre la Russie.

Et dans ma mémoire reviennent toujours ces lignes écrites par Tolstoï dans *Guerre et paix* : « Freinant ses chevaux, Nicolas se retourna : alentour, c'était toujours la même plaine mystérieuse, illuminée de part en part par le clair de lune et parsemée d'étoiles. "Zakhar me crie de tourner à gauche. Mais pourquoi à gauche ? pensa Nicolas. Nous allons bien à Mieloukovy ? Nous allons Dieu sait où et Dieu sait que faire de nous !" »

2

Une famille si heureuse

Je naquis un mercredi, le 23 septembre 1914. Pouvait-on choisir pire date pour venir au monde ? Depuis plusieurs semaines déjà, la guerre faisait rage en Europe et, quoique la Géorgie se trouvât alors éloignée des théâtres d'opération, personne, à la maison, ne pouvait rester indifférent aux sourdes rumeurs du canon. La mobilisation décrétée dans tout l'Empire russe signifiait que des parents, des amis, des frères allaient bientôt partir et que certains, nécessairement, ne reviendraient jamais. Combien de veuves et d'orphelins pleureraient, demain, nos compatriotes, nos voisins, notre famille ? Une guerre, ce sont des hommes qui meurent, des femmes et des enfants qui se lamentent et ce, quelle que soit la justesse de la cause pour laquelle on combat.

Cette guerre était-elle juste ? Le tsar Nicolas II avait-il eu raison de respecter ses engagements vis-à-vis de la France et de la petite Serbie agressée par l'Autriche-Hongrie ? Je le crois. La charge royale n'implique pas la simple signature de traités d'amitié. Elle ordonne aussi de les respecter.

Lorsque l'archiduc François-Ferdinand était tombé sous les balles de son assassin à Sarajevo, le 28 juin 1914, peu de gens avaient imaginé que cet attentat allait provoquer le plus meurtrier des conflits. Les tensions entre la Serbie et son puissant voisin, qui craignait alors l'attraction de ses sujets croates et slovènes pour Belgrade et les Karageorgevitch, avaient déjà provoqué des crises sanglantes. En 1908, par exemple, avec l'annexion de la Bosnie-Herzégovine par Vienne. La Russie, cette fois, se devait d'intervenir. Nos alliés, dont la France, nous suivaient. Partout, l'on avait acclamé le tsar et l'on répétait que la campagne serait brève.

Quant aux Géorgiens, ils n'étaient pas loin de considérer l'événement comme un incident mineur, « un fait divers », pour reprendre l'expression de l'écrivain français Francis Carco. Le mot, rétrospectivement, fait rire jaune. On le pensait de bon ton à l'époque.

À l'heure où j'entame ces mémoires, j'ai sorti de la boîte à souvenirs les photos jaunies d'alors où l'on voit Nicolas II, le dernier tsar, en habit militaire et à cheval, passer les troupes en revue, bénir des soldats à genoux, la tête découverte et se signant. C'était bien ce monde-là qui allait disparaître, englouti. Née un jour de tourmente, il était sans doute fatal que ma vie fût placée sous le signe des souffrances et des tragédies. Je n'ai pourtant, je crois, jamais cédé au découragement ou à la plainte. Ce n'est pas maintenant que je vais commencer. Et bien qu'ayant vu la guerre en voyant le jour, je ne peux oublier les nombreuses et délicieuses fées qui s'étaient penchées sur mon berceau.

Naître dans le Caucase qui fut, selon les Anciens, le repaire des Cyclopes et des Amazones, le lieu de la première vigne et le pays fabuleux où le Thessalien Jason et ses Argonautes partirent en quête de la Toison d'or, est un privilège rare. Comme l'est celui d'appartenir à une famille royale dont l'origine se situe au IIIe siècle de l'ère chrétienne. Et encore ! Mon père, féru d'histoire, aimait commenter la tradition tenace qui fait remonter l'ascendance des Bagration au roi David lui-même, vers l'an mille avant Jésus-Christ. Il citait les manuscrits de Jean VI, Katholicos d'Arménie, où les membres de la dynastie des Bagratides sont considérés comme « les descendants du roi-prophète David ». Il invoquait le cachet des Bagratides portant la robe sans couture du Christ qui fut apportée à Mzkhet et enterrée, entourée des emblèmes davidiens, la harpe, la fronde, le sceptre et la balance. Il renvoyait à l'antique devise, tirée du psaume 132 : « L'Éternel a juré la vérité à David — il n'en reviendra pas — Je mettrai sur ton trône un fruit de tes entrailles, et leurs enfants aussi siégeront sur ton trône à tout jamais. » Mzkhet où avait été bâtie la nécropole des rois de Géorgie résumait pour mon père ce lien symbolique à la Bible : le Prince devait rendre compte à Dieu du pouvoir reçu.

Quel que soit le degré d'exactitude de la tradition, une chose est sûre : l'histoire de ma famille est étroitement mêlée à celle de la Géorgie. Une histoire faite de mariages et de batailles pour conquérir ou maintenir une indépendance sans cesse contestée par les Perses, par les Arabes, par les Mongols, par les Turcs... et par les Russes.

Le premier État géorgien constitué vit le jour après la mort d'Alexandre le Grand en 323 avant Jésus-Christ. Si les côtes de Colchide furent alors incorporées au royaume du Pont de Mithridate, les parties centrale et orientale se proclamèrent, elles, indépendantes, et donnèrent naissance au royaume d'Ibérie. L'arrivée des Romains mit fin à cette situation pour quelques siècles, malgré la difficulté à administrer une région qui, selon Pline le Jeune, ne requérait pas moins de cent trente interprètes. N'appartenant à aucun groupe classique, sémitique ou indo-européen, les langues et dialectes du Caucase sont en effet d'origine kartvelienne et se rapprochent plutôt des vieux idiomes chinois. Pauvres Romains !

En 265 apparut un nouvel État géorgien indépendant. Événement important mais moins que ne le fut, à mes yeux, l'arrivée dans la région, en 330, d'une esclave chrétienne du nom de Nino. Ce fut elle qui introduisit le christianisme en Géorgie et en Arménie voisine qui figurent parmi les premières principautés évangélisées du monde.

Quelques siècles plus tard, les Bagratides montèrent sur les trônes d'Arménie, avec Achot le Grand en 885, et de Géorgie, avec Adarnase en 888. J'appartiens ainsi à la dynastie la plus ancienne de la chrétienté. C'est un fait dont je ne suis pas peu fière même si je dois admettre que certains de mes ascendants n'adoptèrent pas toujours des attitudes très chrétiennes. Bagrat V se fit musulman (mais mourut chrétien), David VI se proclamait « sans foi ni crainte de Dieu », Georges II *Av-Giorgi*, « le Mauvais », tua son père et aveugla son frère pour s'emparer de la couronne royale et Rostom était à la fois musulman et chrétien ! À leur décharge, admettons qu'il se passait, au Moyen Âge, dans les cours chrétiennes d'Europe occidentale, des choses bien aussi curieuses.

Le passé lointain n'était pas celui que préférait évoquer mon père lorsqu'il me recevait dans son bureau pour me dispenser, avec patience et affection, l'une de ces leçons d'histoire qu'il considérait comme indispensables à une éducation princière.

À la fin du XVIIIe siècle, la Géorgie constituait, avec

l'Arménie, le seul îlot chrétien d'une région que se disputaient deux grandes puissances musulmanes, la Perse et l'Empire ottoman. Les assauts répétés de montagnards musulmans du Daghestan parmi lesquels, déjà, des Tchétchènes, conduisirent Irakly II, un de nos plus grands rois, à réclamer de l'aide à la puissance chrétienne la plus proche : la Russie. Au terme d'un traité d'amitié signé avec Catherine II le 24 juillet 1783, la Géorgie obtint la protection russe tout en conservant son indépendance et son trône.

Il est de bon ton, chez certains historiens, de souligner que cet événement fut un simple prélude à l'annexion de la Géorgie par Alexandre Ier. Que le « ver de la colonisation » de 1801 était dans le « fruit » de l'alliance de 1783. Les Bagratides en ayant été les premières victimes supposées puisqu'ils furent écartés du trône, il me revient le droit et le devoir de dénoncer l'étroitesse de cette vue.

L'intervention russe faisait suite au pillage de Tiflis, l'actuelle Tbilissi, par les Perses en 1795. La Géorgie n'avait plus les moyens militaires de résister à cette nouvelle invasion. La disparition la guettait. L'arrivée des troupes russes lui permit d'être seulement mise entre parenthèse dans le cadre d'un empire chrétien. Et orthodoxe. La prospérité de celui-ci rejaillit naturellement sur la région. C'est d'ailleurs ce que devaient remarquer des observateurs étrangers comme le Français Jacques-François Gamba dans son récit de voyage, en date de 1823 : « Lorsque j'ai vu la ville vieille en 1820, presque toutes les rues étaient obstruées de décombres, tristes souvenirs de l'invasion des Persans... Trois ans ont suffi pour donner à cette antique cité, Tiflis, dont l'air de délabrement annonçait le régime oppresseur des gouvernements, arbitraires de l'Asie, l'aspect qui distingue les cités régies d'après les principes de l'Europe civilisée. »

Quant à ma famille, écartée du trône après l'intégration de la Géorgie au sein de la Russie, son « exil » fut bien moins terrible que le sort qui l'eût attendue sous le joug perse. Ses membres conservèrent leur rang de princes et leur prédicat d'altesse royale. Les Bagration choisirent ainsi de servir les tsars avec tout le courage qu'ils avaient su manifester jusqu'alors pour leur propre pays. Et ce, dès les batailles contre Napoléon, comme le prouva le plus grand héros de la famille, le prince-général Pierre Ivanovitch Bagration.

Là, mon père devenait intarissable. Lui, si réservé à l'habitude, s'enflammait et parlait avec émotion. Il ne se contentait pas de brosser les batailles de son ancêtre. Il les refaisait à son côté. Pierre était entré au service de l'armée du tsar comme major aux cuirassiers de Kiev en 1782, dix-neuf ans avant « l'annexion » de la Géorgie par la Russie. Pendant plusieurs années, il avait vaillamment combattu les montagnards turcs aux confins méridionaux de l'empire. Remarqué par le prince Potemkine en personne lors de la prise d'Otchkoff, il avait été affecté au service du général Souvoroff dont il était devenu le compagnon inséparable. C'était ainsi qu'il avait participé aux campagnes d'Italie et de Pologne. Marié à une demoiselle d'honneur de Catherine II, il fut nommé, en 1798, colonel du sixième régiment des chasseurs, une unité qui, plus tard, porterait son nom. Un an plus tard, il avait été fait général-major. Souvoroff put constater une nouvelle fois ses qualités lors des batailles de Trébis et de Novi puis lors du passage du Saint-Gothard. Il s'en félicita même dans son rapport au tsar Paul Ier : « Je dois surtout rappeler à la bienveillance particulière de Votre Majesté le prince Bagration, qui est un admirable général et digne des plus hautes récompenses », peut-on y lire. À son retour d'Europe occidentale, il fut nommé, insigne honneur, chef du bataillon des chasseurs de la Garde dont il réorganisa les structures pour en faire un véritable régiment.

Brillant dans les victoires, mon ancêtre ne l'était pas moins dans les défaites. Ainsi s'acquitta-t-il avec brio de la délicate mission qui lui fut confiée à l'hiver 1805 : couvrir la retraite de l'armée russe défaite en Moravie lors de la bataille des Trois Empereurs. Le soleil noir d'Austerlitz n'assombrit pas sa vertu. En 1808-1809, il mena l'expédition de Finlande avant d'être nommé, quelques mois plus tard, commandant en chef de la prestigieuse armée du Danube. En 1812, il trouva la mort héroïquement à la bataille de Borodino. La ville d'Eylau porte aujourd'hui son nom, Bagrationovsk, en signe d'hommage.

D'autres Bagration, bien que moins illustres, n'en furent pas moins généraux des tsars et l'un d'entre eux fut même vice-roi de Pologne, preuve de la confiance mutuelle dont Russes et Géorgiens firent preuve jusqu'à la funeste Révolution de 1917.

Tiflis d'un côté, Varsovie de l'autre, et Moscou pour tirer un trait d'union entre les deux : les hasards de la naissance m'avaient placée à la confluence des mondes caucasien et slave. Les ancêtres de ma mère, la comtesse Hélène Zlotniki de Zlotnicki, appartenaient, eux, à une très ancienne lignée de la noblesse polonaise, le clan des Nowina, dont l'origine remonte aux alentours de l'an mil. Au XIIIe siècle, la famille s'installa en Posnanie dans un petit village nommé Zlotnicki. Sa fidélité aux rois de Pologne ne fut jamais prise en défaut. Un Nowina Zlotniki de Zlotnicki, capturé par les Turcs et enchaîné au roi, lui-même fait prisonnier, se laissa couper le pied afin de permettre à son souverain de s'échapper. Depuis cet événement, le blason familial est orné d'un pied en or.

Tout aussi illustre fut Pierre Constantinovitch Nowina Zlotniki. Chanoine de Cracovie, il fut désigné en 1620 comme gardien du trésor des rois de Pologne. Puis porte-étendard de Kalisz avant d'entrer à la Diète. Son fils, Nicolas, grand échanson du royaume, participa à l'expédition lancée par le roi de Pologne Jean Sobieski pour sauver Vienne des griffes turques en 1683.

Antoine Zlotniki, premier comte de la lignée, fut un des derniers ambassadeurs de Pologne à la Cour de Russie sous le règne de Catherine II. Marié, lui aussi !, à une demoiselle d'honneur de l'impératrice, la comtesse Elisabeth Noroff, il eut un fils, Dimitri, maréchal de la noblesse dans le gouvernement de Kiev. De son union avec Célestine Trzeciek naquit mon arrière-arrière-grand-père Sigismond Zlotniki qui, par un de ces clins d'œil prédestinés dont l'histoire est coutumière, convola en justes noces avec une princesse géorgienne. Les Eristhavi de Ksani étaient une des familles les plus puissantes de la vallée de Ksani menant vers l'Ossétie. Leur sépulture familiale est située dans la basilique d'Ikortha.

Je n'ai pas connu le père de maman, le comte Sigismond Zlotniki de Zlotnicki mais les portraits en donnent l'image d'un homme d'une beauté et d'un charme inouïs. Polonais, vivant à Moscou, il était venu s'installer sous le ciel plus clément de Tiflis pour aider sa première femme à soigner sa tuberculose. Après le décès de celle-ci, il choisit de rester en Géorgie et rencontra ma grand-mère, la princesse Mariam Eristhavi de Ksani, descendante des empereurs byzantins Alexis Ier et Isaac Comnène, qu'il épousa alors qu'ils venaient à peine de faire connaissance.

Il mourut en 1918, après avoir été fait maréchal de la noblesse. L'enfant sensible que j'étais ne pouvait que regretter d'avoir été ainsi privée de son grand-père par un départ si précoce et brutal. La femme que je suis devenue ne peut qu'être heureuse qu'il ait ainsi été épargné des affres de la Terreur.

Comme cela se pratiquait encore à l'époque, ma mère m'a mise au monde à la maison. Mes parents habitaient un palais de Tiflis légué en cadeau de mariage par ma grand-tante en 1908. Mon père, le prince Georges Bagration de Moukhrani, descendant de la famille royale de Géorgie, était fou de joie à l'idée d'avoir une seconde fille, quatre ans après la naissance de ma sœur aînée Maria. Quant à sa succession, elle était déjà assurée avec Irakly, né, lui, six années auparavant.

Ce fut la comtesse Golovatcheff, la sœur de ma grand-mère paternelle, qui émit le souhait que je porte le prénom de Léonida en souvenir d'une jeune fille béatifiée par l'Église quelques années après sa mort tragique en Grèce. On disait que toute personne se rendant sur le lieu de son décès voyait ses souffrances disparaître. Fort peu respectueuse de la mémoire de la bienheureuse Léonida, toute la famille, à l'instar de ma grand-mère, me surnomma très vite Lida. Un diminutif que je n'aimais guère.

Mon baptême eut lieu à peine un mois après ma naissance. La cérémonie se déroula dans la chapelle privée de notre palais Bagration de Tiflis. Conformément à la tradition des Bagration, ma marraine et mon parrain furent choisis au sein de la famille : la comtesse Golovatcheff et le prince David Kobouloff, qui était le cousin de mon père.

Pour l'occasion, mon grand-père, le prince Alexandre Bagration, quitta Saint-Pétersbourg et vint présider le baptême. Plusieurs compagnons d'armes l'accompagnèrent, donnant ainsi à la cérémonie un lustre supplémentaire. Lieutenant-général de l'armée, général de la suite de Sa Majesté l'empereur Nicolas II, personnage illustre en Russie, il avait commandé entre 1904 et 1906 le plus prestigieux des régiments, les Gardes à cheval. Cette unité créée le 7 mars 1721 par Pierre le Grand était exclusivement composée de membres de la noblesse et seuls les fils aînés des plus vieilles familles étaient autorisés à y faire leurs classes. Le régiment possédait un étendard de Saint-Georges remis en 1851, avec banderole jubilaire de Saint-André et les inscriptions « Pour la prise d'un drapeau ennemi à Austerlitz et pour distinction lors de la défaite et l'éviction de l'ennemi hors de Russie en 1812 » ainsi que « 1730-1830 ». Les batailles de Dresde et Leipzig, la prise de Paris en 1814, les campagnes de Pologne en 1831 et de Hongrie en 1849 comptaient parmi ses faits de gloire. Depuis l'origine, le commandement des Gardes à cheval était le tsarévitch, l'héritier du trône des Romanoff. Il en prenait le commandement effectif le jour de son couronnement. Une des particularités les plus remarquables des Gardes à cheval tenait aussi en l'harmonie physique de ses officiers ; tous devaient être bruns, mesurer au moins 1,75 mètre et porter la moustache, à l'exception des hommes du 4e escadron autorisés à porter la barbe. Quand les bolcheviks prendront le pouvoir, ils sauront se souvenir de la présence de mon grand-père à la tête de ce régiment.

J'ai gardé une lettre de ma grand-mère, la princesse Marie, narrant la cérémonie de mon baptême : « Le cher et beau bébé me fut apporté dans une robe de dentelle datant de 1830, confectionnée pour le baptême de ma grand-mère et qui avait servi dans la famille depuis lors. Je la reçus dans les bras et la confiai à sa marraine, la comtesse Golovatcheff, qui la remit au père Grégory et me la remit ensuite à nouveau. L'enfant se montra très sage. Il n'y avait pas, comme il se doit, de musique instrumentale ; seuls les chants des chœurs célébraient l'avènement du Christ. Après le service, une grande réception fut donnée en ma résidence. Là, nous avons pris le thé en famille et évoqué cette période difficile et troublée que nous vivions. Ensuite, on nous photographia, moi tenant le bébé sur mes genoux, au côté du prince Kobouloff, de la comtesse Golovatcheff, d'Hélène et de Georges. »

Bien que les premières années de ma vie se soient déroulées, comme l'écrivit ma grand-mère, pendant une « période difficile et troublée », j'en garde des souvenirs aussi paisibles que possible. Sans doute la famille demeure-t-elle, pour un nourrisson, le meilleur rempart naturel contre les horreurs du monde extérieur. Les rares images que je conserve de cette époque sont celles d'un père et d'une mère attentionnés et affectueux. Leur propre relation était empreinte d'un amour aussi profond que visible. Peut-être parce que le père de maman avait fait savoir son mécontentement à l'idée que sa fille épouse un Géorgien et non un Russe, mon père faisait sans cesse assaut de tendresse à l'égard de ma mère. Il m'a même affirmé un jour que, s'il ne l'avait pas épousée, il se serait suicidé. Peut-on imaginer plus beau témoignage d'attachement à l'élue de son cœur ? L'esprit fougueux et poétique de mon père, qui ravissait tant maman, animait toute notre vie d'un souffle de liberté.

J'aimais aussi beaucoup la mère de papa. Elle venait passer tous les étés à la maison dont une partie était en permanence laissée à sa disposition. Elle n'avait jamais besoin d'annoncer sa présence. Le vent de senteur merveilleuse qui flottait dans l'air et embaumait les salons trahissait son arrivée. Le parfum, délicat mélange de muguet et de jasmin, était à l'image de son âme. Elle en cueillait elle-même les fleurs qu'elle confiait au célèbre parfumeur parisien René Coty avec une recette née de son imagination. On lui faisait ensuite porter le précieux produit depuis la capitale française par train spécial dans une valise hermétique.

Des paniers qu'elle ne manquait jamais de nous offrir se dégageait une odeur non moins agréable ; celle, sucrée, de fruits juteux dont nous nous régalions pendant plusieurs jours. J'ai encore dans la bouche le goût unique de ces pommes, de ces pêches et de ces poires qui sont, à ma mémoire, ce que fut certaine madeleine à Marcel Proust. Bucolique, simple et douce, grand-mère nous transmettait ainsi, par sa présence et ses cadeaux, les vertus cardinales que sont la générosité et l'indulgence.

Maman possédait beaucoup d'amies. Mélomane, elle n'aimait rien tant que se rendre à des concerts, des pièces de théâtre ou des opéras. Et quand les programmes ne la satisfaisaient pas, elle invitait ses amies à la maison pour jouer la comédie grâce à un petit théâtre dressé dans la galerie du rez-de-chaussée. Son salon de Tiflis était très couru. S'y croisaient des diplomates de toutes nationalités, des artistes comme l'immense chanteur lyrique Fedor Chaliapine, des peintres comme Halil Moussaiev dont la renommée s'étendait jusqu'en Europe et qui me faisait parfois poser — je le retrouverai plus tard en exil en France.

Des écrivains, aussi. Parmi ceux-ci, il en était un particulièrement apprécié, Maxime Gorki. Les enfants de la maisonnée s'en étonnaient, jugeant qu'il ressemblait plutôt à un vagabond. Pour avoir saisi à la dérobée des conversations entre adultes, ils savaient même que le poète professait des idées politiques très avancées et qu'elles lui avaient coûté deux séjours dans la prison de Tiflis. Toutefois, mes parents n'hésitèrent pas à lui venir en aide à plusieurs reprises. Et Gorki s'en souviendrait plus tard.

Mes parents étaient de grands croyants. Nous nous rendions à l'église tous les dimanches et il était demandé aux enfants d'adopter dans la maison de Dieu une attitude irréprochable. Dans des régions comme la nôtre où les chrétiens furent si longtemps humiliés ou persécutés, assister à la liturgie représente plus qu'un acte de foi, une pratique routinière. On se sent débiteur des souffrances de ceux et celles qui donnèrent leur vie pour que la flamme chrétienne ne s'éteigne jamais. On éprouve le sentiment d'être aussi là pour leur rendre hommage. La beauté des offices orthodoxes, leur lenteur, leur solennité, ne sont sans doute pas étrangères à cette impression.

Cette sensibilisation à la foi faisait partie d'une éducation tournée vers le respect des règles propres à une famille comme la nôtre. Hors d'elles, point de salut. Pis : la honte, le rejet, l'exil.

Maman avait coutume de résumer le cours de la vie en deux catégories : « ce qui se fait » et, plus important, « ce qui ne se fait pas ». Nous apprîmes ainsi très vite qu'il était de notre devoir — comme il l'avait été de toutes les générations nous ayant précédés sur terre — de servir notre souverain ou notre chef de famille. De nous montrer, toujours et en tous lieux, dignes de nos ancêtres et fidèles à leur mémoire. De défendre et d'honorer notre patrie. D'aider notre prochain. Ces devoirs représentaient en quelque sorte le prix moral à payer pour jouir du droit d'appartenir à une famille royale et de bénéficier de certains privilèges. Des droits et des devoirs : n'est-ce pas sur ces bases que se constituent les esprits et les sociétés les plus solides ?

Tout ce qui était contraire à l'honneur ne pouvait se faire. L'honneur ! Je sais combien ce mot signifie peu de nos jours et combien ce qu'il recouvrait au début du siècle paraît à mes contemporains désuet, dépassé, ridicule. À l'époque, il représentait pourtant une référence essentielle de la société. Un officier qui s'endettait un soir au jeu s'estimait déshonoré et préférait souvent se tirer une balle dans la tête plutôt qu'affronter le mépris de son régiment le lendemain. Et je ne parle même pas des scandales de cœur comme les adultères ou les amours clandestines.

Que pouvait signifier le respect des codes d'honneur pour des enfants comme Irakly, Maria et moi ? Beaucoup de choses, en vérité. À commencer par la politesse et la serviabilité. Comme maman, toujours prête à rendre visite à un voisin ou à un ami malade afin de lui apporter secours et réconfort, nous avions pour obligation de nous tourner vers les autres avant de songer à nous-mêmes. Gare à celui ou celle qui ne saluait pas en premier un adulte, qu'il fût un membre de la famille, un invité, un paysan, un ouvrier ou un domestique !

Masquer sa souffrance faisait aussi partie des règles. Il était hors de question de pleurnicher ou de se plaindre si l'on se blessait en grimpant sur un arbre ou en se battant avec un enfant de son âge. La crainte de la honte était le meilleur des réconfortants. Et puis, il y avait toujours le refuge possible que représentait l'ombre accueillante de la roseraie, vite devenue, pour moi la toute dernière, ma cachette favorite.

Les seuls véritables accès de sévérité de mon père concernaient les repas. Il ne supportait pas que ses enfants ne terminent pas leurs plats et gâchent ainsi ce dont le Bon Dieu les avait bénis. Heureusement, grâce à la complicité d'Isidore, notre maître d'hôtel, nous parvenions à échapper à son courroux. Dès qu'il constatait que nous peinions pour terminer nos épinards ou notre gâteau de riz — mets que j'avais en horreur —, il trouvait un message à apporter à papa et profitait de son attention détournée pour débarrasser la table.

Isidore fut toujours, à mon égard, d'une gentillesse irréprochable. Sempiternellement habillé de noir, il se comporta souvent comme un deuxième père. Il m'était même, à certains points de vue, plus proche que papa dont les devoirs princiers et les obligations mondaines éloignaient souvent de ses enfants. Ce qui ne l'empêchait pas de suivre attentivement mon éducation et de me raconter, à l'occasion, notre épopée familiale.

Comme toutes les petites filles, je portais une immense admiration à mon père. Toujours soigné dans sa tenue vestimentaire, d'une distinction parfaite, il ne se séparait jamais de son chapeau et de sa canne à pommeau d'or. Quoique de taille moyenne, il était doté d'une certaine force. Je l'ai même vu un jour lutter avec Michka, l'ours domestique de notre maison de campagne ! Contrairement à ma mère, il éprouvait une véritable passion pour le jeu, passion qu'il sut me communiquer en m'initiant dès l'enfance aux subtilités du backgammon. Il était très facile de savoir quand il avait gagné un soir à une table de bridge ou de poker : nous trouvions des cadeaux sur notre lit le lendemain matin !

La carrière militaire de mon père avait été brisée au cours de la révolution de 1905. Membre du Corps des Cadets de Tiflis, blessé, il était tombé d'un immeuble de quatre étages et avait traversé une véranda. Cette chute avait provoqué de nombreuses lésions internes ainsi que la perte de l'usage de l'oreille droite que ni les médecins de Saint-Pétersbourg ni les médecins suisses ne purent lui restituer.

Isidore n'était pas seul à suppléer mes parents dans leur tâche. Ma mère étant trop fatiguée pour m'allaiter comme elle l'avait fait avec Irakly et Maria, je fus très vite confiée aux bras et au sein d'une nourrice. Katia souffrait parfois le martyre en raison de mon appétit féroce qui me poussait à la pincer sans cesse tant j'étais affamée. Elle se fit même un jour sérieusement attraper par maman après m'avoir donné du raisin pour me rassasier — elle venait de m'allaiter. Plus tard, j'eus ma *niania* Avdotia dont je garde un souvenir extraordinaire. Aujourd'hui encore, je pense à elle au moment de m'endormir. Ce fut elle qui m'apprit à faire le signe de croix et à prier.

Le soir, après m'avoir mise au lit, elle allumait les lampades des icônes disposées dans ma chambre et me racontait des histoires tirées des plus beaux contes russes traditionnels. Il y était toujours question de chevaliers et de princesses qui peuplaient ensuite agréablement mes rêves. Il y en avait un en particulier que j'adorais. Tous les enfants de ma génération le connaissent, il s'agit du *Petit poulain bossu*, un conte sibérien mis en vers en 1830 par Pierre Yerchoff. Les premiers vers sont restés gravés dans ma mémoire : « Au-delà des monts, des ondes/Au-delà des mers profondes/Sur la terre (en face des cieux)/-Habitait, jadis, un vieux/Il avait, le pauvre diable/Trois fistons ; un gars capable/Le deuxième — comme-ci, comme-ça/Le troisième — un vrai bêta. » Un jour, le vieux paysan découvre son champ de froment piétiné et dévasté. Il demande alors à ses trois fils de monter tour à tour la garde de nuit pour protéger sa terre. Apeurés, les deux premiers vont se cacher dans l'étable et font croire, le lendemain matin, que tout s'est bien passé, gagnant ainsi la considération de leur père. Le troisième, le bêta, lui, accomplit dignement sa mission. C'est ainsi qu'il découvre le responsable des dégâts : une jument blanche descendant du ciel pour s'amuser un peu dans les champs de froment. Courageusement, il s'élance à sa poursuite et parvient à la saisir par la queue. Prise au piège, la jument le supplie de la libérer en échange de deux beaux chevaux rapides et fougueux et d'un petit poulain bossu aux dons magiques. Grâce à celui-ci, le fils bêta finira par épouser une princesse.

Avdotia ne faisait pas que me distraire par ces contes. Elle me communiquait également tout le monde magique de la Géorgie et de la Russie rurales. Car il y avait aussi à la maison une nourrice française, Mlle Claire, et une Allemande, Mlle Ketter, que nous appelions Fräulein. Toutes les deux étaient restées fidèles à leur langue et à leurs coutumes respectives, si bien que, jusqu'à cinq ans, je parlais mieux le français et l'allemand que le géorgien et le russe !

Fräulein adorait le cinématographe, c'est elle qui m'emmena voir un film pour la première fois de ma vie. Elle rêvait de devenir actrice et pensait avoir quelques prédispositions. Elle se lançait dans des imitations de voix ou jouait des petits rôles avec pour objectif de nous distraire. Le résultat était effectivement distrayant, mais pas dans la forme escomptée. À la vérité, elle était si peu douée que nos rires étaient plus moqueurs qu'amusés. Elle n'en avait cure — ou ne le voyait pas. Un jour, Fräulein nous annonça solennellement qu'elle s'apprêtait à rejoindre

Moscou où l'attendait sa vraie vocation. Je lui dis alors qu'elle ne saurait monter sur scène sans porter un vrai nom de scène. Elle choisit « lady Sapin », parvenant une fois encore à être drôle sans le vouloir.

Nous allions souvent à l'Opéra, mais lors d'une représentation de *Carmen*, le chant des bandits m'effraya au point que je me mis à crier pour alerter la cantatrice du danger et que ma mère, ne sachant plus comment me raisonner, dut quitter le théâtre, avec moi dans ses bras.

Comme j'étais une enfant agitée, maman m'inscrivit très jeune à des cours de danse afin de canaliser mon énergie. Mauvais choix. Dès mon retour à la maison, je harcelais toute la famille pour leur montrer quelle nouvelle figure j'avais apprise. Mon enthousiasme pour le ballet dura de nombreuses années jusqu'à ce que mon père décrète qu'il n'était pas digne d'une jeune princesse de passer son temps à faire des tourniquets. J'eus tout de même le temps et l'immense privilège d'avoir pour professeur une certaine Isadora Duncan qui, comme on le sait, révolutionna l'art de la danse en promouvant une forme libre et moderne débarrassée des contraintes classiques. Sa mort tragique en exil à Nice, en 1927, étranglée par son écharpe coincée dans la fenêtre de la voiture qu'elle venait de quitter, m'affecta tout particulièrement. Et, jusqu'à aujourd'hui, le regret de la danse ne m'a pas quittée. Je me souviens encore de mes larmes amères à la décision de mon père. Le couperet était tombé. Destinée à être princesse, je ne pouvais devenir ballerine. Ainsi les enfants royaux apprennent-ils très tôt que le poids de la charge supplante le bonheur du rang.

Quand je ne dansais pas, je passais mon temps avec mon frère et ma sœur. Irakly, Maria et moi formions une fratrie très soudée. Nous partagions les mêmes jeux et les mêmes passions. Les roses, par exemple. Chacun de nous trois avait sa couleur préférée : rose pour mon frère, rouge pour ma sœur, jaune pour moi. Tous les jours, nous courions à la roseraie du jardin avec l'espoir d'assister à ce miracle de la nature que constitue la naissance d'une fleur. En vain. Puis une nuit, la merveille s'accomplit et je vis, dans la faible lueur matinale, éclore une rose !

Maria me trouvant trop petite pour jouer avec elle, je passais plus de temps avec mon frère Irakly. Notre activité principale consistait à monter dans les arbres du jardin pour y lire à l'abri des regards indiscrets et profanes. Irakly était un garçon qui respirait la joie de vivre. Je n'ai appris que plus tard l'explication de son dynamisme et de son enthousiasme. Ils étaient ceux d'un miraculé.

Au printemps 1916, Irakly était tombé très malade. Il avait alors sept ans et demi et les médecins le pensaient perdu. Nous habitions à cette époque de l'année dans notre propriété de Mjadis Djavari, près du village de Digomi, dans la province de Duchetsko, à une quarantaine de kilomètres de Tiflis. Tout contre la maison, adossée à un mur mitoyen, se trouvait une église qui, au fil du temps, était devenue le refuge des pigeons et de toutes sortes de volatiles fuyant les chasseurs ou le mauvais temps. Arrivée de Saint-Pétersbourg pour passer la belle saison avec ses petits-enfants, ma grand-mère fut très agacée de voir ce lieu de culte sali par les oiseaux. Aussi décida-t-elle de cloisonner toutes les fenêtres et de ne laisser les portes ouvertes que pendant les liturgies. Quelques jours plus tard, Irakly eut une violente crise de dysenterie que les médecins jugèrent suffisamment grave pour qu'on le rapatrie d'urgence à Tiflis. Je restai alors avec ma sœur, ma grand-mère et ma tante Tamara. Chaque jour qui passait nous apportait des nouvelles de plus en plus alarmantes sur l'état de santé de mon frère.

Un jour, une mystérieuse femme vint nous voir. Sans un mot de présentation, elle déclara simplement que, si les oiseaux ne rentraient pas dans l'église le soir même, l'enfant mourrait. Puis elle disparut aussi vite qu'elle était apparue. Ma tante téléphona immédiatement à maman qui lui avoua que les docteurs redoutaient le décès imminent d'Irakly. Aussitôt, sans que nous nous concertions, nous nous précipitâmes à l'église et ouvrîmes portes et fenêtres afin que les oiseaux puissent à nouveau y pénétrer.

Le lendemain, Irakly était guéri.

Nous cherchâmes partout la femme qui nous avait prédit la guérison de mon frère mais en vain. Quant aux médecins, ils avouèrent leur grande perplexité devant ce phénomène qu'ils avaient du mal à comprendre. Pour nous, il était tout simplement d'essence divine ; il s'agissait d'un miracle. La mystique orthodoxe l'enseignait : les oiseaux du Ciel sont chéris de Dieu, comme les enfants sur Terre, et nous ne sommes pas les propriétaires mais les gardiens de la Vie.

Un jour, nous avions décidé d'effrayer nos parents en apparaissant dénudés, comme ayant été battus et volés lors d'une promenade en forêt. Le stratagème ne dut guère les abuser mais nous vint, en revanche, un grand sentiment de culpabilité. Confessant notre faute le lendemain, notre grand-mère décida de ne pas nous punir, considérant que le remords suffisait à notre peine.

Dormir dans la même chambre n'était sans doute pas étranger à la redoutable complicité qui existait entre mon frère, ma sœur et moi. Couverte d'une tenture de damas blanc à grands ramages, cette pièce immense située au premier étage de la maison respirait la gaieté. Elle était plus qu'une chambre, c'était notre jardin secret d'enfants. Nous y partagions chaque soir nos joies, nos peines, nos petites histoires auxquelles les adultes ne pouvaient définitivement rien entendre.

Le matin, les rayons de soleil venaient blanchir les meubles en bouleau de Carélie polis qui entouraient nos lits de fer pénombrés de rideaux. Il était alors temps de nous débarrasser de nos encombrantes robes de chambre à manches demi-longues. Après avoir salué plus ou moins solennellement les portraits peints à l'huile de nos ancêtres accrochés au-dessus du canapé de soie disposé au fond de la chambre, nous descendions à la salle à manger où nous attendaient nos parents et Fräulein pour le petit déjeuner. Le menu se composait généralement de petits pains et de *cacha*, une sorte de porridge composé de semoule de blé et de lait. Sur la table fumait un grand samovar en argent d'où émanaient les effluves de ce thé aromatisé, à la mode géorgienne. C'était dans cette salle, ou un autre des grands salons que, les jours de pluie, papa nous autorisait à faire du vélo.

Après le petit déjeuner, j'allais dessiner ou jouer dans le jardin tandis qu'Irakly et Maria se rendaient à l'école. Quand je fus en âge de partir avec eux, je fis l'heureuse découverte du pharmacien auquel ma grand-mère louait le rez-de-chaussée d'une maison voisine. Il nous offrait tous les jours des bonbons à l'orange, au citron ou à la framboise, délices qui faisaient autant le bonheur de nos camarades de classe que le nôtre. Il était aussi un véritable allié. Notre médecin de famille, le docteur Édouard Sabastinsky, lassé des remontrances de ma grand-mère lui reprochant de trop laisser faire la nature lorsque nous tombions malades, lui avait demandé de nous fabriquer de faux médicaments à base de sucre et parfumés. Le docteur avait ainsi échappé au courroux de ma grand-mère et le pharmacien faisait, du même coup, la joie de trois enfants déjà gâtés.

Les sucreries ! Aurais-je, avant de prendre réellement conscience de l'importance de la fête de Noël, tant apprécié la présence des saints que nous disposions sur le sapin s'ils ne s'étaient présentés sous forme de bonbons ou de pains d'orge ? Avec les délicieux petits gâteaux à la cannelle ou au gingembre, les *prianik*, que nous confectionnait pour l'occasion Fräulein, ils ajoutaient à la joie que nous avions de nous retrouver tous autour de l'arbre de Noël croulant sous les guirlandes et les boules colorées.

Nous affectionnions aussi beaucoup la fête de Saint-Nicolas, patron de la Russie et des petits enfants, le 6 décembre de chaque année. Un véritable Noël avant Noël. Nous disposions nos chaussures, et le plus possible, même celles que nous ne portions plus ! devant la grande cheminée du salon et nous précipitions dès que nous en avions la permission pour venir apprécier la générosité légendaire du Saint. Là encore, outre les petits cadeaux, mandarines, pâtes de fruits et autres douceurs nous attendaient. Sauf une fois où notre facétieux oncle Dimitri avait enfoui au fond de nos souliers de repoussants petits balais de sorcières ! Tant pis pour nous ! Nous n'avions pas à vouloir deviner les cadeaux avant l'heure ! Chaque Noël, je n'envisageais pas, la fête passée, que l'on puisse se débarraser du majestueux sapin. Et chaque Noël, maman me le laissait garder jusqu'à ce que tombe la dernière épine desséchée.

Pâques était bien entendu aussi l'occasion de passer les jours les plus heureux de l'année pour nous autres, les enfants. Dès que la fin du Carême, approchait, et avec elle, celle de la privation des bonnes choses, la maison prenait des airs de fête. Nous passions des heures, des jours entiers même, à peindre avec application des œufs de toutes les couleurs. Quand nous en avions assez, nous gagnions la cuisine pour participer à l'élaboration de la *paskha* familiale, un gâteau en forme de pyramide préparé avec du fromage blanc, des œufs, de la crème, du beurre, du sucre et de la vanille. Pour l'accompagner, toujours, un *koulitch*, sorte de brioche un peu ferme parsemée de fruits confits. Comme chaque foyer, les Bagration se transmettaient de génération en génération leur propre recette de *koulitch* jalousement gardée. Nous possédions d'ailleurs un four spécialement conçu pour sa cuisson.

La fête pascale représente, pour les orthodoxes, le moment le plus important de l'année religieuse. La nuit de Pâques n'est-elle pas cette « nuit qui brille plus que le jour » selon saint Grégoire de Nysse ? Elle incarne le passage de l'ancien au nouveau, de la mort à la vie, de l'obscurité à la joie pure. Elle éclate dans cette tradition qui exige de saluer chaque personne en l'embrassant trois fois et en lui répétant « le Christ est ressuscité », votre interlocuteur se devant de répondre « En vérité, il est ressuscité ». Une coutume qui se veut l'écho de cet hymne : « Le Christ est ressuscité des morts ; par la mort, il a vaincu la mort, à ceux qui sont dans les tombeaux il a donné la vie. »

Nous, les enfants, rentrions rompus de la veillée pascale, mais comme émerveillés et ivres. Les tables croulaient sous les victuailles. Bien que tout petits, nous étions invités à part entière de ce banquet céleste, arrosé d'une vodka rouge, aux airelles, que notre père confectionnait lui-même pour l'occasion.

Sans doute, comme pour Noël, ne saisissais-je pas, petite, dans toute sa dimension, la lumière qui émane de Pâques. Pour moi, cette fête signifiait avant tout notre emménagement pour quelques semaines dans notre propriété de campagne de Mjadis Djavari. C'est là que je devais passer les instants les plus heureux de mon enfance.

Mjadis Djavari faisait partie des nombreuses propriétés que nous possédions. À Tiflis, outre la maison de mes parents, rue Loris Melikovskaïa, et celle, attenante, de ma grand-mère, nous étions propriétaires du palais Bagration que nous n'habitions point et où vivait un intendant. Dès la déclaration de guerre, la demeure fut d'ailleurs réquisitionnée par l'armée pour être transformée en prison. Plusieurs terrains de la ville nous appartenaient également dont celui où se tenait le marché quotidien. À deux heures de la capitale se trouvait le vieux palais Moukhrani, situé à flanc de montagne. Et en Ukraine, le palais Rozyn où résidait mon grand-père maternel, le comte Sigismond de Zlotniki, ancien colonel de l'armée et président de la noblesse de Kiev. Bâti au début du XVIIIe siècle par des Italiens, immense, l'une des plus grandes demeures de la région avec ses colonnades de marbre blanc, il était situé au cœur d'une forêt comme un bijou dans un écrin de verdure.

Si je n'ai aucun souvenir précis d'avoir vécu à Rozyn, le souvenir de notre maison de Mjadis Djavari est, lui, profondément ancré dans ma mémoire. En géorgien, Mjadis Djavari signifie « la croix de maïs ». Effectivement, la propriété était entourée de plusieurs champs de maïs et au XVIIe siècle une église avait été érigée tout près de là. Le domaine s'étendait sur plus de deux mille hectares. Deux mille hectares d'une terre aussi noire et fertile que celle de l'Ukraine.

Mon père avait hérité l'endroit de son propre père, le prince Alexandre Bagration de Moukhrani qui, tout occupé à servir le tsar Nicolas II à Saint-Pétersbourg, ne s'y rendait guère. Administré par mon père, le lieu changea de visage. Évitant les dépenses inutiles, il n'avait de cesse d'investir chaque rouble gagné dans l'édification de nouveaux bâtiments, l'agrandissement du parc ou l'acquisition de nouvelles machines agricoles. Par goût personnel et par conviction, il participait de ce grand esprit de réforme qui avait animé la politique de Stolypine, et qui devait propulser la Russie, avec tous ses atouts, dans le monde moderne.

Servantes, aides et ouvriers étaient tous originaires du village. Peu industrialisée, la région n'offrait guère de perspectives de travail, aussi les habitants des environs se bousculaient-ils pour offrir leurs services au château. Des gages certes faibles les y attendaient, mais aussi un logement, un lopin de terre potager, du bois de chauffage, de la farine et des céréales pour leurs animaux. Sans compter que mon père leur portait une attention toute particulière. Toujours prêt à les aider en cas de difficultés graves, il s'enquérait régulièrement des résultats scolaires de leurs enfants. Je n'ai jamais entendu l'un d'entre eux se plaindre de lui. Même après son arrestation par les bolcheviks qui n'hésitaient pas à récompenser les bons citoyens délateurs. C'est dire.

Si je trouvais à l'époque l'endroit merveilleux, je dois reconnaître que la maison elle-même était, doux euphémisme, d'une beauté architecturale toute relative. De l'extérieur, c'était une grande bâtisse de brique à deux étages un peu tarabiscotée et flanquée de deux tours pointues, une grande et une petite. Un vaste toit, dont des petites planchettes peintes en noir donnaient l'illusion qu'il était en ardoise, recouvrait le bâtiment cerné, comme jadis au Moyen Âge, de grands murs de pierre. Aux quatre coins, de grosses tours épaisses ajoutaient à cet aspect faussement médiéval. Plusieurs bâtiments de service complétaient l'ensemble : des écuries, des cuisines, des habitations pour les serviteurs, plusieurs serres, un poulailler, un chenil, une église, un garage. Source de bonheur quotidien pour les enfants, l'immense parc avec des arbres et des étangs ressemblait à l'un de ces royaumes oubliés des contes et légendes. Il y avait aussi un vaste bassin dans lequel nous nous ébattions lors des chaleurs estivales, à la grande colère de nos nurses et des poissons rouges.

Notre setter, Joker, et notre chatte blanche, Roxy, n'étaient pas les derniers à apprécier l'air de la campagne. Joker, le chien de chasse de papa, était un animal aussi affectueux que possible. Au point de dormir dans le lit de poupées que ma grand-mère avait rapporté de Saint-Pétersbourg. Roxy, elle, faisait beaucoup moins l'unanimité. Espiègle, voleuse, elle avait surtout la manie de mettre au monde des chatons avec une régularité encombrante. Mauvaise mère, elle les abandonnait partout dans la maison ou dans le domaine. Un jour, mon père n'y tint plus et décida de s'en débarrasser. Profitant de mon absence, il fourra Roxy dans un sac de voyage et attrapa un train pour Digomi, à plusieurs verstes de la maison. Là-bas, il rencontra des amis avec qui il partagea quelques verres. Roxy profita d'un moment d'inattention pour s'échapper du sac... et rentrer à pattes à la maison où papa la retrouva le soir. Quelques jours plus tard, il recommença l'opération — dans un lieu plus éloigné, cette fois. Roxy revint. Le manège se poursuivit de nombreuses fois mais, quelle que fût la distance, la chatte finissait toujours par retrouver le chemin de la maison, accroissant ainsi le courroux de mon père.

Avec les difficultés nées de la guerre, la colère de papa ne fit qu'empirer. Tandis que nous éprouvions de plus en plus de mal à trouver de la nourriture, Roxy continuait à chaparder dans les réserves, sur la table, voire dans les assiettes si son propriétaire avait le malheur de ne pas manger assez vite. Jusqu'au jour où — un jour où nous n'avions vraiment rien à manger — nous la vîmes arriver avec un énorme morceau de filet de bœuf dans sa petite gueule qu'elle déposa presque cérémonieusement aux pieds de mon père. On aurait cru un messager nous apportant un don du Ciel. Inutile de préciser que jamais plus papa n'envisagea de s'en débarrasser.

Au-delà de la monumentale porte d'entrée principale se trouvait le village avec ses deux églises et ses deux écoles primaires, un bureau de poste, une pharmacie et un médecin de permanence. L'intérieur de la maison était confortable. L'électricité y avait été installée dès 1900, ainsi qu'un réseau téléphonique. Nous disposions de plusieurs salles de bains. C'était une véritable fourmilière. Travaillaient là un majordome et sa femme, trois domestiques pour le service de table, un garçon d'office, quatre ou cinq femmes de chambre, une bonne, un cuisinier, un aide, un chauffeur.

L'endroit n'était guère propice au travail, encore moins pour une enfant turbulente et quelque peu paresseuse comme moi. Dès que ma sœur levait les yeux de ses cahiers et de ses livres, je l'entraînais à jouer. Marelle, balançoires et surtout poupées que nous habillions de robes que réalisait, à notre demande, la couturière de maman, sur le modèle de nos propres habits. Ma mère nous emmenait aussi souvent en promenade afin d'éveiller nos sens aux merveilles de la nature. Elle nous enseignait patiemment le nom des arbres, des fleurs, des plantes et des animaux que nous croisions sur notre chemin. Parfois, nous nous arrêtions à l'ombre d'un grand arbre et elle nous lisait de longs passages tirés des grands classiques russes. J'adorais ces moments-là.

À l'époque, Anton Tchekhov et Léon Tolstoï surtout régnaient sur nos lettres. Ils étaient les deux écrivains vivants les plus célèbres et les plus lus dans l'empire, de la lointaine Vladivostok à Moscou, en passant par Tiflis et Kiev. Cependant, à écouter certaines histoires tirées de la vie même de ma famille, je trouvais parfois que celles-ci n'avaient rien à envier à certaines sagas romanesques de l'auteur de *Guerre et paix*. Elles auraient même légitimement eu leur place dans ses œuvres. Par exemple, j'arrive à imaginer sans mal ma grande-tante Varia en héroïne de Tolstoï.

On ne parlait d'elle qu'à voix basse. Elle était l'un de ces personnages énigmatiques que comptent toutes les familles, dont les enfants n'apprennent le destin que par bribes, et qu'ils ne peuvent reconstituer et comprendre que bien plus tard. La princesse Varia de Bagration Moukhrani était la sœur de mon grand-père paternel. Adolescente, elle était tombée folle amoureuse du grand-duc Nicolas Constantinovitch, petit-fils du tsar Nicolas Ier dont un portrait ornait l'une des pièces de la maison. Intelligent, bel homme, le grand-duc n'avait qu'un défaut : il était volage.

On lui connaissait de nombreuses liaisons, dont certaines assez douteuses. Aussi les parents de Varia s'opposèrent-ils formellement à ce qu'elle l'épouse. Cette décision irrévocable la plongea dans un profond désespoir. Au point qu'elle refusa toute sa vie de se marier. Quand elle venait à Tiflis, elle restait toute la journée enfermée dans la maison et ne sortait qu'à la nuit tombée vers des destinations inconnues.

Toute la famille était affectée par la tristesse mélancolique qui émanait de tante Varia. Pourtant, mes grands-parents avaient sans doute eu raison de demeurer fermes avec elle. Quelques années après qu'elle eut cessé de fréquenter le grand-duc, celui-ci se retrouva au cœur du plus grand scandale de la Cour impériale de Russie. Pour les beaux yeux d'une de ses maîtresses, une certaine Fanny Lear, aventurière américaine très en vue à Saint-Pétersbourg, Nicolas Constantinovitch n'hésita pas à dérober et à revendre les pierres précieuses et l'or qui ornaient les icônes de sa propre mère ! Ayant découvert le forfait, la grande-duchesse Alexandra Iossifnova en informa le tsar Alexandre II qui dégrada publiquement son fils et l'exila dans le Caucase. Son nom fut banni des livres d'histoire et sa mise à l'écart maintenue durant les règnes de trois empereurs. Ce qui ne lui sauva pas pour autant la vie durant la tourmente révolutionnaire : il fut assassiné à Tachkent en 1918.

Quarante ans après l'union manquée de notre famille avec les Constantinovitch, une nouvelle chance d'alliance fut offerte en 1911 avec le mariage du prince Constantin Alexandrovitch Bagration de Moukhrani, cousin de mon père, et de la princesse Tatiana de Russie, fille du grand-duc Constantin Constantinovitch. Quatre ans plus tard, le prince tombait au champ d'honneur en Galicie. Il fut enterré dans la nécropole royale de Mzkhet. Sa veuve, elle, prit le voile en 1946. Sous le nom de mère Tamara, elle dirigea jusqu'à sa mort en 1970 le couvent orthodoxe du Mont-des-Oliviers, à Jérusalem.

En dépit de ce mariage et de la présence, sur les murs de la maison, des portraits de Nicolas II, de la tsarine et du tsarévitch Alexis, mes parents nous entretenaient plus volontiers de l'histoire des Bagration que de celle des Romanoff. La situation changea brutalement en 1917. Les premiers troubles politiques qui agitèrent, en pleine guerre, Moscou et Saint-Pétersbourg, suscitèrent immédiatement une grande émotion à la maison.

Le destin de la famille impériale nous devint soudain plus proche. Comme si l'on pressentait qu'il pouvait aussi devenir le nôtre.

3

Révolutions

Mes parents et moi-même n'avons certes pas souffert avec la même intensité les années noires de la guerre, de la Révolution, et de l'instauration du communisme en Russie. La plupart des événements tragiques qui se déroulèrent entre 1916 et notre premier départ en exil me furent racontés quand je fus en âge de les comprendre. La fin de la monarchie, son remplacement par un régime de terreur sanglante furent autant de phénomènes dont je ne compris pas immédiatement le sens. Même la disparition d'êtres chers me fut, sur le moment, moins pénible qu'aux membres adultes de ma famille. Et pourtant ! Peut-être parce que mes parents surent toujours trouver les mots justes pour évoquer leur belle époque d'avant-guerre dans un pays paisible et insouciant, peut-être parce que les années que je vécus là-bas enfant, puis adolescente, me furent suffisantes pour que j'éprouve un attachement indéfectible à ma terre natale. Ainsi, la Géorgie a-t-elle toujours tenu une place centrale dans mon cœur et mes pensées. Avec l'espoir inaltérable de la voir, comme la Russie, renaître un jour de ses cendres. Une fois le feu du communisme définitivement éteint.

L'hiver 1916-1917 fut terrible. Il y avait eu la défaite de Tannenberg dès août 1914. Encerclé, le général Samsonoff avait préféré se suicider que se rendre à l'ennemi. Puis, autre défaite, celle d'Augoustovo en février 1915. Les nouvelles qui se succédaient du front, toutes mauvaises, avaient déjà considérablement affaibli le moral des troupes. Et provoqué, vis-à-vis du tsar et des généraux, une réaction de défiance dont l'assassinat de Raspoutine avait été la manifestation la plus spectaculaire. Avec les privations nées de la guerre, la grogne croissait dans tout le pays. L'ambiance devenait malsaine dans les grandes villes. Pour preuve le témoignage de Maxime Gorki dans une lettre à sa fille Katioucha, alors adolescente : « Bientôt nous aurons la famine. Je te conseille d'acheter dix livres de pain et de les cacher. Dans les environs de Petrograd, on voit rôder des femmes bien vêtues qui demandent l'aumône. Il fait très froid. On n'a pas de quoi chauffer les poêles. Çà et là, la nuit, les habitants brisent les palissades... On rencontre une quantité horrible de prostituées mineures. Tu rentres chez toi, la nuit, et tu les vois rampant le long des trottoirs comme des cafards, bleues de froid et affamées. »

Mon père, s'il avait eu à le faire, ne m'aurait vraisemblablement pas écrit dans les mêmes termes. À Tiflis, nous restions plutôt réservés. Pourtant, même pour l'enfant que j'étais, le monde semblait avoir changé. À la maison, les mines graves des uns et des autres, le ralentissement de l'activité, la modestie des fêtes indiquaient que nous étions bien « en guerre », sans que j'aie pu mettre une réalité concrète sous ce terme.

En février 1917 éclata un soulèvement ouvrier à Petrograd et Moscou. Ce n'était pas le premier que connaissait la Russie. Déjà en 1905, en pleine guerre contre les Japonais, de tels événements s'étaient déroulés. En juin de cette année-là, une mutinerie s'était même produite sur le cuirassé *Potemkine*, l'un des fleurons de la marine impériale. Cette fois, l'affaire prit un tour plus grave. Menés par les militants du parti bolchevik, les révolutionnaires parvinrent à déposséder le tsar du commandement suprême des armées. Avec l'aide de certains généraux. Puis à provoquer la constitution d'un gouvernement provisoire dirigé par le prince Lvov et ouvert à plusieurs membres du parti menchevik. Quelques semaines plus tard, Nicolas II abdiquait, offrant la couronne à son frère, le grand-duc Michel. Celui-ci la refusa et somma la population de se soumettre au gouvernement provisoire. Il signait là l'arrêt de mort de la monarchie russe.

Le texte de la déclaration de Nicolas II est connu. Je ne résiste néanmoins pas à la tentation d'en rappeler ici la teneur. Si l'expression « la noblesse des vaincus » a un sens, je crois qu'on le trouve dans ce document.

« Par la grâce de Dieu, nous, Nicolas II, Empereur de toutes les Russies, Tsar de Pologne, Grand-Duc de Finlande, etc., etc., à tous nos fidèles sujets faisons savoir :

« En ces jours de grande lutte contre l'ennemi extérieur qui, depuis trois ans, s'efforce d'asservir notre patrie, Dieu a trouvé bon d'envoyer à la Russie une nouvelle et terrible épreuve. Des troubles intérieurs menacent d'avoir une répercussion fatale sur la marche ultérieure de cette guerre opiniâtre. Les destinées de la Russie, l'honneur de notre héroïque armée, le bonheur du peuple, tout l'avenir de notre chère patrie veulent que la guerre soit menée à tout prix jusqu'à une fin victorieuse.

« Notre cruel ennemi fait ses derniers efforts, et le jour approche où notre vaillante armée, de concert avec nos glorieux Alliés, l'abattra définitivement.

« En ces jours décisifs pour l'existence de la Russie, notre conscience nous commande de faciliter à notre peuple une étroite union et l'organisation de toutes ses forces pour la réalisation rapide de la victoire.

« C'est pourquoi, d'accord avec la Douma d'Empire, nous estimons bien faire en abdiquant la couronne de l'État russe et en déposant le pouvoir suprême.

« Ne voulant pas nous séparer de notre fils bien-aimé, nous léguons notre héritage à notre frère, le grand-duc Michel Alexandrovitch, en lui donnant notre bénédiction à l'instant de son accession au trône. Nous lui demandons de gouverner en pleine union avec les représentants de la nation qui siègent aux assemblées législatives, et de leur prêter serment inviolable au nom de la patrie bien-aimée.

« Nous faisons appel à tous les fils loyaux de la Russie, nous leur demandons d'accomplir leur devoir patriotique et sacré en obéissant au Tsar, dans cette pénible épreuve nationale, et de l'aider, avec les représentants du pays, à conduire l'État russe dans les voies de la gloire et de la prospérité.

« Que Dieu aide la Russie.

Nicolas. »

Pauvre Nicolas ! Son sacrifice n'allait sauver ni le trône, ni l'empire. La Russie elle-même, les Russes allaient être entraînés dans l'enfer à la suite de la chute de la monarchie. Bien que je ne me sois jamais considérée comme historienne, j'ai beaucoup lu sur cette période troublée, considérant qu'il était du devoir de ma charge de la comprendre.

Les « modérés » estimaient naïvement pouvoir rétablir un peu d'ordre dans le chaos alors qu'ils en étaient en partie à l'origine. Ils ne se rendaient pas compte que, dans ce type de circonstances où la violence appelle la violence et l'anarchie l'anarchie, le pouvoir finit toujours par revenir aux éléments les plus durs du mouvement. Des soldats abandonnant leur caserne et traînant, désœuvrés, dans les rues. Des tas d'ordures sur les trottoirs que personne ne voulait balayer. Des pillards œuvrant en toute impunité. Seul un pouvoir fort serait désormais capable de faire disparaître les images terribles qu'offrait la nouvelle Russie.

Lénine rentra à Moscou en avril 1917 après avoir traversé l'Allemagne dans un wagon plombé, avec l'assentiment, et l'aide, des autorités de Berlin. Dès le mois de juillet, il tentait un coup de force pour renverser Kerenski, le chef du gouvernement. Ce fut un échec, mais le chef bolchevik n'était pas inquiet. Les désertions en masse des soldats russes engagés sur le front, les grèves générales dans les usines, la famine annoncée par Gorki dans les provinces : le temps jouait pour lui.

En octobre 1917, Lénine s'empara du pouvoir et fit immédiatement comprendre quelle en était sa conception en créant la *Vserossiskaïa tchrezyvtchaïnaïa komissia po bor'be s kontr'-revoliutsii, spekuliatsieï sabotagem* — la Commission panrusse extraordinaire de lutte contre la contre-révolution, la spéculation et le sabotage. Désignée par ses initiales, Vetcheka, en abrégé Tcheka, elle prit ses quartiers à Moscou, près du Kremlin, rue Bolchaïa-Loubianka. Sergueï Melgounov fut un de ses premiers responsables à en donner l'objectif réel dans une directive de novembre 1918 : « Nous ne faisons pas la guerre contre les personnes en particulier. Nous exterminons la bourgeoisie comme classe. Ne cherchez pas, dans l'enquête, des documents et des preuves sur ce que l'accusé a fait, en actes ou en paroles, contre l'autorité soviétique. La première question que vous devrez lui poser, c'est à quelle classe il appartient, quelles sont ses origines, son éducation, son instruction, sa profession. »

Cette sinistre police politique fut chargée d'arrêter ou, plus fréquemment, d'exécuter les adversaires du régime. À sa tête, conformément au vœu du nouveau maître russe à la recherche d'« un Fouquier-Tinville capable de mater les contre-révolutionnaires enragés », le Polonais Feliks Dzerjinski. Les dénonciations se multiplièrent, trop souvent motivées par le simple désir de revanche, la jalousie ou la simple cruauté. Comme en France en 1793, la Révolution se fit Terreur.

À Tiflis, toutes les nouvelles qui arrivaient au compte-gouttes de Moscou et de Saint-Pétersbourg assombrissaient l'atmosphère. Les mines n'étaient plus graves mais sinistres. La joie, les cris n'étaient plus de mise et nous, les enfants, devions garder la maison.

La Tcheka attira rapidement en son sein la lie de la société russe. Voici en quels termes édifiants un dirigeant bolchevik évoquait son recrutement : « Dans cette organisation gangrenée de criminalité, de violence et d'arbitraire, dominée par des canailles et des criminels de droit commun, des hommes armés jusqu'aux dents exécutaient toute personne qui ne leur plaisait pas, perquisitionnaient, pillaient, violaient, emprisonnaient, écoulaient des faux billets, exigeaient des pots-de-vin, faisaient ensuite chanter ceux auxquels ils avaient extorqué ces pots-de-vin, puis les libéraient en échange de sommes dix ou vingt fois supérieures. »

On a parfois « justifié » l'action de la Tcheka en prétendant qu'elle n'avait fait que reprendre les méthodes de la police tsariste. Mais les prisonniers politiques étaient alors déférés devant une vraie justice où la défense pouvait exercer ses droits ! Mais les criminels condamnés à la déportation pouvaient partir avec leur famille, lire, écrire, fréquenter leurs compagnons ; Dostoïevski — ses *Souvenirs de la maison des morts* en témoignent — mais aussi Lénine et Staline eurent en tout cas cette « chance » ! Surtout, une simple exposition des chiffres met à bas toute tentative de parallèle. Entre 1825 et 1917, moins de quatre mille personnes furent exécutées pour leur opinion ou leur action politique. Or, en deux mois, la Tcheka fit tuer trois fois plus de mauvais citoyens soviétiques que l'Empire russe en près d'un siècle !

On le voit : à défaut d'être historienne, j'aurais aimé être avocate. Ma plaidoirie, pourtant, n'est pas *pro domo*. C'est aux peuples de toutes les Russies et à leurs malheurs que je pense aujourd'hui comme je l'ai fait tout au long de ma vie.

Partout, d'ailleurs, aux quatre coins du pays apparurent des mouvements de résistance. Certains en liaison avec les Alliés, décontenancés par la paix de Brest-Litovsk signée par la Russie soviétique en mars 1918, d'autres spontanés. Pendant trois ans, les Denikine, Wrangel, Krasnov, Koltchak et autres Miller firent trembler l'Armée Rouge de Trotski. Désorganisés, peu soutenus par les gouvernements européens malgré leurs promesses, les Blancs furent finalement battus et abandonnèrent le pays à son triste sort. Un voile rouge tomba sur la sainte terre russe.

Si la plupart des historiens honnêtes sont prêts à reconnaître la monstruosité née de la Révolution de 1917, un certain nombre continue à prétendre qu'il s'agissait là d'un événement inéluctable. Que la monarchie russe devait s'écrouler un jour ou l'autre tant la vie y était insupportable, et l'autorité du tsar intolérable. Je ne partage pas ce point de vue.

Depuis le règne d'Alexandre II, le pays s'était délibérément engagé sur la voie de l'européanisation. Son défi était immense : passer du stade moyenâgeux à celui de l'industrialisation. Pays vaste aux climats et aux peuples variés, il était évident que la Russie ne se moderniserait pas en un an ni même en dix sans soubresauts.

À la veille de la Première Guerre mondiale, le bilan était plus que satisfaisant. L'enseignement et l'éducation étaient désormais publics ; libérée du servage, la paysannerie avait acquis son droit à la propriété ; la commercialisation des richesses naturelles s'était développée. Selon des études et des projections récentes, il est établi que, sans les coups d'État de 1917, le pays aurait connu une évolution telle qu'il serait aujourd'hui le plus puissant du monde. Au lieu de quoi il fut plongé dans la misère, l'horreur et les massacres pendant presque un siècle.

L'agitation contre les aristocrates avait commencé en Géorgie dès la première révolution de mars 1917. Mon père eut très vite vent de réquisitions arbitraires de maisons et de vivres leur appartenant. Aussi chercha-t-il un moyen préventif de nous en protéger avant même l'entrée des insurgés dans Tiflis au mois d'avril. Ayant appris que le consul de France, Charles Maintenon, était à la recherche d'une nouvelle demeure, il prit contact avec lui pour le convaincre de s'installer chez nous. Le diplomate français accepta avec d'autant plus d'entrain qu'il préférait vivre dans un lieu déjà habité : lui-même n'était guère rassuré à l'idée de rester seul en des temps aussi troublés. Mon père lui avait loué deux pièces au premier étage.

Malgré sa présence, la maison devint rapidement une cible favorite des bolcheviks. Je me souviens parfaitement du bruit des balles claquant de tous côtés. Il arrivait souvent que nous dormions, mon frère, ma sœur et moi, sous nos lits, afin d'éviter les projectiles traversant notre chambre à coucher. Nous passions aussi certaines journées sous le canapé du salon.

J'avais trois ans.

Dans les rues de Tiflis, à l'extérieur de la maison dont nous ne sortions plus guère, régnait une indiscipline générale. Tous les beaux magasins avaient été dévalisés. Les dépôts de vins et de liqueurs, objectifs dont l'importance politique n'échappera à personne, avaient été consciencieusement pillés, tout comme les magasins de tabac, les pharmacies et les parfumeries. Des marchands ambulants s'étaient installés anarchiquement au milieu des trottoirs, obligeant les rares passants qui s'aventuraient dehors à patauger dans la boue noire des rues dont plus personne n'assurait l'entretien. Il n'y avait plus de tramways et les rares fiacres en circulation proposaient des tarifs exorbitants.

De petites escouades de révolutionnaires défilaient sous des drapeaux rouges et chantaient *la Marseillaise*, une cocarde rouge accrochée à leurs képis ou sur la poitrine. Des bandes de soldats erraient, négligeant de saluer leurs officiers lorsqu'ils les croisaient. Quand un train s'arrêtait en gare, ils prenaient d'assaut les wagons de première classe, jurant, crachant, fumant au mépris de toute convention.

Parfois, on apercevait une petite troupe de femmes

vêtues en soldats, le cheveu ras, un fusil en bandoulière. Elles partaient pour le front défendre la Russie et surtout la révolution.

Chaque jour qui passait voyait la situation empirer. Le moindre achat nécessitait l'octroi d'une carte spéciale. Chaque personne que mes parents rencontraient faisait état de scènes de pillages, de meurtres, d'enlèvements.

Peut-être était-ce tout cela qui hantait mon père alors que nous le voyions désormais méditer, morose, à l'ombre d'un arbre, dans le verger, pendant que maman, d'un impérieux doigt sur les lèvres, nous intimait l'ordre de faire silence afin de ne pas le déranger.

Quand la révolution de février 1917 avait éclaté, une partie de la population, en Géorgie, avait cru voir là le moyen pour la région de recouvrer son indépendance. Les bolcheviks ne se prétendaient-ils pas, à longueur de discours, favorables à la lutte pour l'autodétermination des nations allogènes ? On faisait confiance à Tchkeidzé et Tseretelli, membres du soviet de Petrograd, pour convaincre le nouveau pouvoir de la nécessité d'une autonomie administrative et politique de la Géorgie. Et puis il y avait Joseph Djougachvili. On le disait proche de Lénine et on comptait sur lui pour défendre la cause géorgienne, lui le champion du « droit des peuples à disposer d'eux-mêmes ».

Ma famille connaissait bien la mère du futur Staline. Ekaterina Gavrilovna Gueladzé avait longtemps été blanchisseuse de la maison de ma grand-mère. La pauvre femme avait épousé un cordonnier du nom de Vissarion

Ivanovitch Djougachvili en 1874. Les Djougachvili étaient une famille d'origine ossète dont l'un des membres s'était signalé, au début du XIXe siècle, lors d'un soulèvement contre les Russes. Après trois enfants morts prématurément, le couple avait donné naissance, en 1879, à un petit garçon qu'Ekaterina destinait à l'Église s'il survivait. Lasse de l'ivrognerie et de la violence de son mari, elle s'était séparée de lui dès 1883.

Ekaterina et Sosso — le premier surnom de Staline — vécurent de nombreuses années à Gori, une petite ville boisée et fleurie située à soixante-dix kilomètres de Tiflis. À huit ans, conformément à la promesse de sa mère, Joseph entra dans une petite école préparatoire à l'enseignement religieux puis, en 1894, au séminaire de théologie orthodoxe de Tiflis où il se fit très vite remarquer pour son indiscipline et sa réticence vis-à-vis des cours dispensés.

Lorsque Staline, qui avait depuis longtemps troqué la Bible des Pères pour celle de Marx, Lénine et Engels, entra au gouvernement, Ekaterina disparut subitement de la ville et abandonna son travail sans explication. Quand elle revint après la victoire des bolcheviks, elle exigea que tous les bâtiments officiels de Géorgie fussent ornés d'un portrait de son fils. Et elle se fit octroyer à l'année la loge royale de l'Opéra de Tiflis.

En novembre 1917, Staline signa un décret sur les nationalités dans lequel étaient proclamés l'égalité et la souveraineté de tous les peuples de Russie ainsi que le droit à leur libre développement et à l'autodétermination, voire à leur sécession et à leur constitution en État indépendant. Pour lui, c'était un moyen de rallier les peuples allogènes à la cause bolchevique. Les Géorgiens, eux, ne voulurent y voir qu'une promesse d'indépendance.

Aux naïfs patriotes qui croyaient à la bonne foi des

bolcheviks fut rapidement démontré combien ils s'égaraient. Dès le mois de décembre, préfigurant le traité de Brest-Litovsk qui allait, en quelques lignes, réduire à néant l'œuvre de Pierre le Grand et de Catherine II avec l'abandon de territoires et de populations russes à la Finlande, la Pologne, l'Estonie, la Lituanie, la Roumanie et la Lettonie, un armistice fut conclu avec les Turcs. Au mépris de l'Histoire et de l'avis de leurs habitants chrétiens, l'Anatolie orientale et les districts d'Ardahan, de Kars et de Batoum furent cédés à l'Empire ottoman. Sans contrepartie. Sans que la situation militaire l'exigeât.

En janvier 1918, un Parlement de Transcaucasie, le Seïm, fut créé. Trois mois plus tard, ses membres proclamaient la naissance d'une république démocrative fédérative de Transcaucasie comprenant l'Arménie, la Géorgie et l'Azerbaïdjan. À sa tête un Géorgien, le social-démocrate Tchenkeli, qui ne connut les délices de sa fonction que quelques jours. Ses administrés ayant refusé l'inique armistice avec les Turcs, les troupes allemandes vinrent prêter main-forte à leurs alliés musulmans dans la région. Ce geste ne fit qu'exacerber la colère des populations locales qui, chacune sur son territoire, se défendirent contre cette nouvelle agression. La Transcaucasie n'était plus qu'un mot sur un morceau de papier froissé : seule demeurait la volonté, commune mais distincte, de trois peuples de faire connaître leurs droits.

La Géorgie fut la première des trois régions à oser aller au bout de son raisonnement. Le 26 mai 1918, son indépendance était proclamée. Un statut qui lui permit de signer un nouveau traité de paix avec les Turcs. Un vrai, celui-là. Il lui permit de retrouver ses frontières d'avant 1914.

Avec la proclamation de l'indépendance un calme relatif revint dans nos vies. Mais les mentalités avaient changé. Nous sentions que le regard posé sur nous n'était plus le même. Même si l'on ne croisait plus de bolcheviks en armes dans les rues, les militants communistes continuaient à tenir le haut du pavé. Grèves et manifestations éclataient quotidiennement et les nouvelles du reste du pays ne laissaient pas de nous inquiéter.

Lorsque nous apprîmes le massacre du tsar et de sa famille à Ekaterinbourg en juillet 1918, nous éprouvâmes une grande tristesse. Je ne comprenais pas exactement toute la valeur tragique et symbolique de ce geste, mais je sentais que cet événement revêtait une importance peut-être plus grande que ce que nous avions vécu nous-mêmes dans les mois précédents. Il était en vérité le signe annonciateur d'un malheur dans notre propre famille.

On venait juste de fêtre mon quatrième anniversaire lorsque nous vîmes arriver à la maison la mère et la sœur de mon père. Elles étaient porteuses de nouvelles très alarmantes. La situation à Saint-Pétersbourg était devenue si grave que mon grand-père, le prince Alexandre Bagration, leur avait ordonné de nous rejoindre en Géorgie avec l'espoir que l'endroit serait plus sûr. Lui-même avait fini par quitter la capitale à la tête d'un convoi où s'étaient mêlés des soldats de son unité et des dizaines de civils, hommes, femmes et enfants, fuyant vers le sud. Ma grand-mère et ma tante savaient que la troupe avait pu parvenir à Kislovodsk, une ville du Caucase, mais ignoraient ce qu'il était advenu d'eux ensuite.

Quelques jours après leur installation, la terrible vérité sur le sort de mon grand-père nous fut relatée. Dans la nuit du 30 octobre 1918, encerclés par les troupes bolcheviques, mon grand-père et ses plus braves officiers organisèrent le départ de trois cents civils de Kislovodsk assiégée. Un combat épique les opposa jusqu'à l'aube aux hordes des Rouges. Au petit matin, l'évacuation réussie grâce à leur sacrifice, ils finirent par céder, épuisés par la fatigue et le froid, et privés de munitions suffisantes. Faits prisonniers, ils furent passés par les armes sans autre forme de procès dans le village de Piatigorsk. Parmi ces héros qui donnèrent leur vie pour sauver celles d'innocents, outre mon grand-père figuraient un ancien ministre du tsar, Dobrovolsky, le prince Toumanoff, le général Radko Dimitriff, le général Roussky, deux princes Schakovskoï et deux princes Ourousoff. En tout quarante officiers-généraux de l'armée impériale russe que toute ma famille connaissait, au moins de réputation.

La nouvelle de cette tragédie fut un choc épouvantable pour moi. Je n'aimais pas mon grand-père uniquement parce qu'il portait si bien l'uniforme blanc des Gardes à cheval, mais aussi parce qu'il était un homme profondément généreux. Je n'avais pas le souvenir d'une seule de ses visites sans qu'il eût apporté des cadeaux à chacun d'entre nous. Notre seule et maigre consolation fut l'autorisation qui nous fut accordée de ramener son corps près de nous et de l'enterrer dans la crypte familiale de Tiflis.

Les mois qui suivirent ne furent pas pour nous rassurer. Au début de l'année 1919, nous apprîmes que notre domaine de Mjadis Djavari avait été réquisitionné par les bolcheviks. Malgré cela, nous parvînmes à sortir de Tiflis l'été pour rejoindre un petit village où mon père avait réussi à louer le premier étage d'une modeste maison en bois. Ce n'était pas le luxe de notre maison de Tiflis et encore moins celui de Mjadis Djivari mais nous échappions au moins à la chaleur étouffante de la capitale. Il y avait encore avec nous Fräulein qui nous quitta ensuite pour regagner son Allemagne natale.

Après le départ des Allemands de la région étaient arrivés les Anglais, supposés aider la jeune république à consolider, voire protéger son indépendance. Celle-ci avait été reconnue, *de facto*, par les Alliés en janvier 1920. Tandis que les bolcheviks s'emparaient du pouvoir en Azerbaïdjan, l'illusion fut alors grande de voir la Géorgie échapper au communisme : le 7 mai 1920, en effet, Moscou avait reconnu à son tour l'indépendance du pays. Simple manœuvre dilatoire. Dès l'été de la même année, de nombreux troubles éclataient dans le pays afin d'affaiblir la position du gouvernement de Vladimir Voytinsky, dirigeant du parti menchevik qui avait obtenu six cent mille voix aux élections contre vingt-trois mille pour celui de Lénine. Ces troubles étaient bien entendu l'œuvre d'agitateurs bolcheviks. Prétendant venir rétablir l'ordre — une « excuse » dont Moscou se fera une spécialité, tout au long du siècle, d'Europe centrale jusqu'en Afghanistan —, l'Armée Rouge pénétra en Géorgie en février 1921, installa ses hommes à la tête du gouvernement et noya dans le sang toute velléité de résistance locale. Le 21 du mois naissait la république soviétique de Géorgie.

À l'origine de ce coup de force meurtrier : Staline. Menteur, renégat, l'ex-défenseur des petits peuples dévoila à cette occasion son vrai visage. Sa vraie nature machiavélique, aussi. La Géorgie, l'Arménie et l'Azerbaïdjan mises au pas, il procéda en personne au redécoupage administratif et ethnique de la Caucasie. Rattachant le Haut-Karrabakh peuplé à 90 % d'Arméniens à l'Azerbaïdjan, séparant les Ossètes (ceux du nord dépendraient désormais de la république russe, ceux du sud de la Géorgie), il bâtit un puzzle dont le seul objectif était de faire du pouvoir central — le sien, bientôt — le seul arbitre et maître d'une situation explosive à terme. Toute la région en subit encore aujourd'hui les méfaits.

Très méfiant vis-à-vis du parti communiste géorgien à forte tradition menchevik, Staline fit venir en grand nombre de Russie des administrateurs fidèles. Ils remplacèrent ses propres camarades de lutte clandestine dont il ordonna le départ ou l'exécution. Son ami d'enfance Mdivani fut lui-même éliminé.

La suite est connue. L'épuration massive du parti communiste géorgien provoqua la colère de Lénine. Elle devint même pendant quelques semaines l'enjeu des luttes d'influence au sommet de l'État. Plus tard, en mars 1923, Lénine demanderait à Trotski de défendre devant le Comité central la cause des Géorgiens « persécutés par Staline et Dzerjinski ». Une recommandation dont se servirait ultérieurement, mais en vain, Trotski pour prétendre à la succession de Lénine au détriment de Staline.

En août 1924, sept mois après la mort de Lénine, une insurrection éclaterait en Géorgie, dans la petite ville de Tchiatoura, à l'initiative des paysans de la région de Gourie. En quelques jours, les chars et les avions de l'Armée Rouge en viendraient à bout. À la tête des opérations, un jeune architecte géorgien de vingt-cinq ans, chef de l'antenne locale de la Tcheka : Lavrenti Beria. Son objectif déclaré : « En finir une fois pour toutes avec le menchévisme et la noblesse géorgienne. » Les douze mille victimes de cette révolte et les milliers de déportations qui s'ensuivraient furent le premier acte marquant de la carrière de ce sinistre et sanguinaire personnage.

La *pax sovietica* s'installerait alors durablement à Tiflis et dans tout le pays. Une « paix » trompeuse dont les premières victimes seraient les responsables religieux ainsi que les membres de la « classe » nobiliaire.

Une « paix » dont ma famille éprouverait toutes les épreuves, entre deux exils.

Dès que les bolcheviks avaient déclenché leur coup d'État en Géorgie en février 1921, le consul de France qui habitait à la maison nous avait fait part de sa décision de quitter le pays. « Et je vous conseille de partir, vous aussi », glissa-t-il à mon père.

Quitter la terre de ses ancêtres, sa maison, ses amis, ses souvenirs : existait-il choix plus cruel ? Mais vivre sous la menace constante d'une arrestation ou d'une exécution laissait-il vraiment le choix ? Mon père ne se posa pas ces questions très longtemps. Lorsque Charles Maintenon lui fit savoir qu'il avait obtenu des places dans l'express pour Batoum, ville portuaire de la mer Noire, sa religion fut faite. Au cercueil que nous promettait la victoire locale des Rouges, il préféra la valise.

Une bien petite valise, en vérité. Mes parents ne prirent avec eux que quelques bijoux de famille et deux ou trois objets de valeur. Le temps pressait.

Irakly, Maria et moi étions inconsolables. Il nous fallait abandonner tous nos jouets, nos animaux, nos poupées. Notre enfance.

Bien que nos parents ne nous aient pas expliqué en détail les raisons de ce départ précipité, nous comprîmes immédiatement que nous allions faire plus que changer de domicile ou de pays. Changer de vie. Nous le voyions dans les gestes faussement sereins de papa et maman et dans le regard désespérément triste de tous ceux que nous laissions là : les domestiques, les voisins, les amis. Les adieux furent déchirants. Ils le furent tellement que je ne peux pas, aujourd'hui, quitter un endroit, même pour quelques jours, sans revivre l'espace de quelques secondes ces instants de mars 1921. J'éprouve chaque fois la désagréable impression d'un nouvel abandon.

Quand l'heure du départ eut sonné, Isidore insista pour nous emmener lui-même en fiacre jusqu'à la gare. Dans les rues, la situation était très calme. Des massacres qui avaient accompagné le putsch bolchevik quelques jours auparavant, il ne restait aucune trace visible. On avait l'impression que la ville retenait son souffle. Qu'elle attendait quelque chose.

Cette impression disparut à la seconde même où nous atteignîmes la gare de Tiflis. Il régnait en ce lieu une agitation épouvantable. Et pour cause. Malgré l'arrivée au pouvoir des communistes, certains bâtiments de la capitale n'étaient pas encore sous leur contrôle. La gare en faisait partie. Mais sans doute pour très peu de temps. On venait d'annoncer que le prochain train serait le dernier à quitter Tiflis avant l'arrivée probable des Rouges. Les gens étaient hystériques. Ils hurlaient, pleuraient, juraient. Nous étions au bord de l'émeute.

Malgré la cohue et la panique générale, mon père parvint à s'imposer au milieu de la foule et à se frayer un passage jusqu'au guichet. Les billets pour Batoum en main, il nous tira, maman, ma sœur, mon frère et moi, jusqu'au quai. Un spectacle pathétique nous y attendait.

Au milieu de familles entières et de leurs bagages erraient des militaires blancs. On les voyait, dans le plus grand désordre, se bousculer et s'invectiver pour des vétilles, le visage marqué par les combats des dernières heures et l'angoisse de devoir faire à nouveau le coup de feu en cas d'arrivée des Rouges.

Lorsque le train entra en gare en fin d'après-midi, ce fut un véritable délire. Avant même son arrêt, des dizaines de personnes se ruèrent sur les wagons et grimpèrent à l'intérieur. On aurait dit de véritables singes. S'écartant d'eux, mon père se dirigea seul vers le coupé de seconde classe négligé par la foule et s'enferma à clé à l'intérieur d'un compartiment. Calmement, il ouvrit alors la fenêtre et nous hissa, l'un après l'autre, dans le train avec nos bagages.

Le train s'ébranla enfin.

Au soulagement d'avoir pu monter sur le dernier express vers la liberté se mêlait la crainte de voir surgir, à tout moment, sur le trajet, une troupe de bolcheviks. Il n'en fut rien. Le voyage se déroula sans encombre jusqu'à Batoum. Le fait de dormir dans les filets à bagages et de se retrouver noyés au milieu d'une foule presque aussi abondante qu'à la gare de Tiflis n'était guère agréable, mais personne ne songea à s'en plaindre.

Au moins nous étions vivants et libres.

Au petit matin, le train atteignit la mer Noire dont il longea ensuite la côte vers le sud. La vue d'immenses vergers ensoleillés et de collines boisées plongeant dans la mer nous fit oublier quelques heures la gravité de la situation. Nous traversions la plus belle région de tout le Caucase.

Quand nous débarquâmes à Batoum, mes parents

eurent à peine besoin de nous préciser que nous nous trouvions à la frontière avec la Turquie. L'aspect oriental de la ville sautait aux yeux. Dans les rues, des marchands s'époumonaient à vanter le mérite de leurs tapis, broderies et autres bijoux incrustés de turquoises. Les cafés étaient bondés d'hommes, un turban ou un fez sur la tête, une pipe à long tuyau à la bouche.

Pendant deux jours, il nous fallut loger dans un petit hôtel du port. Grâce à M. Chamberlain, le consul de France à Batoum nous avait inscrits sur la liste d'attente du prochain bateau, battant pavillon français, en partance pour Constantinople.

Lors de l'embarquement sur le paquebot, une nouvelle mauvaise surprise se fit jour. En vertu d'un avis officiel, il nous était interdit de prendre avec nous les bagages lourds et volumineux. Seules les valises contenant le strict minimum d'effets personnels étaient autorisées. Une disposition aussi stupide qu'inutile. Ses cales vides, le bateau ne cessa de tanguer pendant tout le voyage.

Malgré cette contrariété, la traversée de la mer Noire me procura un vif plaisir. C'était la première fois que je naviguais et tout me semblait merveilleux : notre cabine blanche et luisante, les promenades sur le pont d'où l'on guettait les oiseaux et les poissons, les escales dans des villes enchanteresses d'où nous rapportions à bord des souvenirs. Le personnel était adorable avec nous, et nous fûmes même plusieurs fois conviés à dîner à la table du capitaine.

Une messe fut célébrée sur le pont, en plein air. Au-dessus de l'autel, aménagé pour la circonstance, claquaient les drapeaux français. Je crois que je n'ai jamais tant loué le Seigneur.

Ne venions-nous pas d'être délivrés de l'enfer soviétique ?

4

Premier exil

Après plusieurs jours de traversée, nous avons enfin atteint le Bosphore. C'était en début d'après-midi et la lumière de cette heure de la journée apportait une touche supplémentaire à la beauté du tableau féerique qui se présentait à nos yeux. Sur des collines verdoyantes surgissaient comme par enchantement des villas et des palais plus somptueux les uns que les autres. De vastes et splendides terrasses fleuries tombaient dans la mer. Au-dessus des arbres pointaient les dômes des mosquées et les pointes des minarets ensoleillés. Partout, des roses, des lilas et des cyprès. Et dans la rade de Constantinople des centaines d'embarcations agitées par une légère brise. Je découvrais, avec l'émerveillement d'une enfant de sept ans, cet Orient mystérieux et magique dont j'avais tant entendu parler.

Une fois à terre, mon père nous conduisit dans un des meilleurs hôtels de la ville où vivaient déjà de nombreux Russes. Nous ne devions y rester que quelques jours, le temps de trouver une résidence plus adaptée aux besoins d'une famille de cinq personnes. Ce fut Bébek, un petit village à la sortie de Constantinople. Un général de l'armée impériale et sa femme avaient aménagé une pension dans un vieux palais mis à leur disposition par Abdul Medjid II, un généreux sultan, soucieux de secourir les exilés de passage.

On nous donna un des salons du palais. Une cuisine nous était aussi réservée. Une fois encore, ce n'était plus le luxe que nous avions connu avant la Révolution, mais cette nouvelle vie nous enchantait. Comme tous les enfants du monde, nous adorions l'intimité clanique à laquelle forçaient ces vacances improvisées. Et puis, tout un univers nouveau s'offrait à nous. Je passais des heures dans les écuries à m'occuper des chevaux ou à jouer avec mon frère sur les superbes calèches que le sultan avait laissées. Ou encore à cueillir des fraises dans le champ de notre voisin qui, pour quelques piastres par minute, nous laissait envahir sa propriété et nous rassasier de fruits.

De la fenêtre de ma chambre à coucher, je pouvais voir chaque matin le soleil se lever sur le Bosphore tandis que des nuées de rossignols saluaient à leur façon la nouvelle journée qui s'annonçait. C'était un ravissement permanent.

Au début, nous avions tous un peu le mal du pays. Surtout mes parents qui n'avaient pas encore renoncé à revenir rapidement à Tiflis. Au bout de quelques semaines, pourtant, ils comprirent qu'un retour serait impossible avant plusieurs mois, voire plusieurs années.

Notre vie se réorganisa peu à peu. Papa et maman se relayaient pour nous faire la classe. Le matin était réservé aux leçons de littérature, de langues, d'histoire et de géographie. Et l'après-midi aux matières plus pratiques : dessin, couture, musique. En fin de journée, nous partions tous nous promener au bord de la mer. Un vent d'insouciance soufflait sur nous.

Comme ces jours heureux tranchaient avec les heures sombres que nous avions vécues les mois précédents ! Notre séjour eut même parfois des airs d'excursion touristique. Nous visitions les monuments les plus importants de Constantinople. Le premier d'entre eux fut bien sûr la cathédrale Sainte-Sophie, ce chef-d'œuvre de l'architecture byzantine dont la transformation en mosquée par les Turcs n'avait pu altérer la beauté et l'esprit. Puis le grand palais de Dolma-Baktché avec sa façade en marbre blanc sculptée de motifs à la turque où se lisait l'influence vénitienne. Des gardes du sultan en costume d'apparat (tuniques rouges, turbans surmontés de grands plumets) en gardaient la porte principale avec le même flegme que leurs homologues britanniques de Buckingham Palace. Un splendide escalier permettait d'accéder aux salons d'apparat qui débouchaient eux-mêmes sur les appartements privés du sultan. Au-dessus de cet escalier trônait une vaste coupole garnie de vitraux rouges dont l'éclat rejaillissait sur les colonnes de marbre rose foncé du rez-de-chaussée. Toutes ces couleurs donnaient au lieu une atmosphère un peu diabolique.

Maman me conduisit un jour à l'église Sainte-Irène. Construite par l'un de mes ancêtres, l'empereur Constantin, le fondateur de la ville, elle avait été brûlée, puis rebâtie par Justinien avant d'être à nouveau détruite par un tremblement de terre au VIIIe siècle, puis reconstruite. La force de la foi. Nous devions en retrouver l'image à Karye Djamié, Saint Sauveur in Chora, la dernière église byzantine bâtie avant la chute de Constantinople. Notre père nous montra longuement, en les commentant, le Christ du tympan surmonté de l'inscription « Terre des vivants », puis la mère de Dieu, appelée elle « Terre des sans-terre ». C'était notre exil qu'il voulait nous faire méditer mais moi, petite fille, je ne voyais que la tristesse de papa.

J'aimais aussi beaucoup me promener dans les bazars, au nord de la ville bâtie de part et d'autre de la baie de la

Corne d'Or. Là, l'aspect cosmopolite de Constantinople prenait toute sa dimension. Mais ce fut là aussi que je connus une de mes plus grandes humiliations d'enfance.

Je me promenais au milieu des soldats russes qui vendaient toutes sortes de produits étalés sur des stands montés à la hâte quand un garçon de mon âge s'approcha de moi. « Je suis sûr que tu aimerais offrir un cadeau à ta maman. Un parfum, peut-être ? m'a-t-il suggéré. — Oui, c'est une bonne idée, lui ai-je répondu. Mais j'ignore le nom de celui qu'elle porte. — Elle est russe comme toi ? Alors, ce n'est pas compliqué. Toutes les dames russes portent le parfum "pipi de l'impératrice". Regarde le vieux général, là-bas. Demande-lui, je suis certain qu'il t'en vendra une bouteille avec plaisir. » Sans réfléchir, je suivis ses conseils et demandai au général s'il avait du « pipi de l'impératrice ». Il se mit évidemment en colère, offusqué qu'une enfant, russe de surcroit, osât ainsi se moquer de la défunte tsarine. Décontenancée, j'éclatai en sanglots, ce qui eut pour effet d'apaiser sa colère. Comprenant que je m'étais fait attraper, il m'expliqua gentiment le sens du mauvais tour qu'on venait de me jouer. Le garnement, lui, était déjà loin.

Au bout de trois mois, mes parents décidèrent que nous quitterions Constantinople. Si nous nous étions posés là, c'était parce qu'ils ne voulaient pas trop s'éloigner de leur Géorgie aimée afin de rentrer le plus vite possible quand la situation le permettrait. Or, les nouvelles en provenance de Tiflis n'allaient guère en s'améliorant. Chaque jour voyait débarquer, de bateaux aux tailles diverses, des Russes et des Géorgiens. Tous leurs témoignages concordaient : le pouvoir communiste s'affermissait de jour en jour et toute forme de résistance était systématiquement anéantie. Pour une famille princière, il n'était vraiment pas raisonnable de revenir en Russie bolchevique maintenant.

Une autre raison motivait la décision de mes parents : l'argent. Depuis notre arrivée, maman était obligée de se séparer de ses bijoux les uns après les autres pour subvenir à nos besoins. Cela ne durerait pas éternellement. Il nous fallait émigrer dans un pays où la vie serait moins chère qu'en Turquie. Le choix se porta sur l'Allemagne. En raison de sa défaite en 1918, sa situation économique difficile laissait présager une installation plus facile.

Avant de partir, papa vendit les rares objets de valeur qu'il avait réussi à emporter de Tiflis. Grâce aux dollars récupérés, pensait-il, nous pourrions rapidement trouver une résidence à Berlin sans avoir à rechercher, dans cette ville que nous ne connaissions pas, un antiquaire susceptible d'être intéressé par nos trésors. Et d'ailleurs, qui nous garantissait qu'un antiquaire eût là-bas les moyens de nous les acheter ?

Prévoyant, mon père était aussi honnête. À la frontière du royaume des Serbes, Croates et Slovènes — qui ne prendrait le nom de Yougoslavie qu'en 1929 —, lorsque les douaniers lui demandèrent s'il possédait de l'argent, il montra ses dollars. Aussitôt, on lui ordonna de les changer en dinars en le menaçant de la prison s'il ne s'exécutait pas. Résultat, à notre arrivée en Allemagne, il ne se trouva personne pour accepter nos dinars, une monnaie qui ne valait rien hors du royaume des Karageorgevitch. Heureusement, maman avait gardé quelques bijoux à vendre.

Nous posâmes nos maigres bagages, en juillet 1921, dans un hôtel-pension de Bad Saarow, près de la capitale déchue de l'Empire prussien. Je sentis immédiatement combien nous allions regretter notre séjour à Constantinople. Finis les bains de soleil, les parterres de fleurs à dévorer des yeux et du nez et les plongées en mer ! Nous habitions sous un ciel gris en face de la gare. Le premier point d'eau, le petit lac de Scharmützelsee, se trouvait à plusieurs kilomètres.

Nous prenions nos repas dans la salle de restaurant de l'hôtel où d'autres nombreux Russes avaient élu domicile. Mes parents, rapidement, sympathisèrent avec un couple de compagnie très agréable, Timicha et Maxime Pechkov. Ce dernier parlait très souvent de son propre père à papa.

Un soir, notre père entra dans la chambre où Irakly, Maria et moi lisions tranquillement. Il était accompagné d'un homme d'une cinquantaine d'années à l'air maussade et renfrogné. Les cheveux courts coiffés en brosse, il portait une épaisse moustache grise qui rajoutait à son aspect bourru. Alors que je lui serrai la main, il me dit d'une voix à la fois grave et enlevée : « Tu es très mignonne, ma petite. » Mon regard plongea dans le sien et je me sentis comme subjuguée par l'éclat limpide et profond de ses yeux bleus. Il y avait un tel contraste avec l'impression d'ours mal léché qu'il m'avait faite en entrant dans la pièce que je ne parvenais pas à le quitter des yeux. « Léonida, s'est alors solennellement exprimé mon père, voici Alexeï Maximovitch Pechkov, dit Maxime Gorki. »

L'histoire ne veut souvent retenir de Maxime Gorki que deux choses : il fut à la fois un des plus grands écrivains russes du XXe siècle et le propagandiste officiel et zélé de la jeune Russie soviétique. Ce sont là deux réalités qui ne résument néanmoins qu'imparfaitement la personnalité d'un homme dont ma famille fut très proche. Au point de lui devoir sa survie.

Sur Gorki, j'ai lu tout ce qui s'était publié en russe, en français, en allemand, en anglais, en espagnol... Je pourrais être sa biographe. Mais sa destinée m'a toujours fascinée en ce qu'elle montre de liberté face aux tentations de l'histoire. Alexis Pechkov est né le 16 mars 1868 à Nijni-Novgorod, ville de la Volga rebaptisée, après la révolution et jusqu'en 1990 du nom de son fils le plus célèbre. À l'âge de treize ans, son amour de la littérature lui est révélé par la lecture du chef-d'œuvre de Balzac, *Eugénie Grandet*. La France, donc, alors phare incontesté des nations et que, comme moi, il aimera toute sa vie. Issu d'une famille modeste, son désespoir de ne pouvoir rejoindre par les écoles la famille des écrivains le conduit à une tentative de suicide à dix-neuf ans. Il s'en sortira avec un poumon perforé à l'origine de sa tuberculose chronique. D'humeur révoltée, touche-à-tout, autodidacte, il quitte sa ville natale et traverse la chaîne du Caucase à l'hiver 1891 pour rejoindre Tiflis, voyage dont il contera les conditions dans *Mon compagnon de route*. Là, nous entrons en cousinage géorgien. À son arrivée, il goûte pour la première fois à la prison — ce ne sera pas la dernière ! — après une bagarre dans un cabaret. Dégrisé, il part à la recherche d'un emploi qui lui sera procuré par la direction des chemins de fer transcaucasiens. C'est aussi le temps de ses premières réunions avec les révolutionnaires russes, des ouvriers locaux ou des intellectuels moscovites envoyés en Géorgie en résidence forcée. Remis de ses émois contrariés d'adolescent, il consent à prendre la plume et écrit ses premiers poèmes où se devine l'inspiration de Byron. Des nouvelles, aussi. À sa grande surprise, l'une d'elles est retenue par le journal *Le Caucase* pour être publiée. Ennuyé par son patronyme — Pechhkov signifie pion et Alexis compte bien être autre chose dans la vie qu'une pièce sur un échiquier —, il choisit comme pseudonyme Gorki, qui signifie amer. Un surnom qui lui convient parfaitement, lui qui supporte si mal la société.

Après être reparti à Nijni Novgorod avec la première élue de son cœur, Olga Kaminski, Gorki est contraint de revenir à Tiflis pour un nouveau séjour... en prison. On a trouvé chez lui une photo prise quelques années plus tôt en Géorgie où on le voit avec un ouvrier suspecté d'activités illégales. Un complément d'enquête a été demandé à son sujet. Il restera enfermé dans une cellule du château de Metekh pendant deux semaines. À sa sortie, il part à Samara, sur les bords de sa chère Volga.

La première période de sa vie se clôt sur un double registre de voyages aventureux et de romantisme bohème que tous les adolescents, y compris les Princesses, comprennent fort bien.

À Moscou, sa popularité va croissant. Autant, chez les uns, pour son style, rude et flamboyant, que, chez les autres, pour son engagement. « Nous chantons la folie des braves », écrit-il dans *L'Annonciateur de la tempête*. Ses poèmes sont publiés et repris partout, ses pièces jouées dans les plus grandes salles.

Après avoir participé aux manifestations de 1905, Gorki fait feu militant de tout bois. Il lance un journal quotid,ien, *La Vie nouvelle*, avec ses amis sociaux-démocrates, et rencontre Lénine avec qui il poursuivra toute sa vie des relations à la fois amicales et tendues. Malgré son admiration pour Ilitch, Gorki ne le suivra jamais dans son cynisme et son pragmatisme froids et meurtriers. Le socialisme d'Alexis sera toujours celui d'un homme du peuple, chaleureux, enthousiaste, intuitif. Et surtout teinté d'une religiosité que les sans-Dieu de bolcheviks réfuteront sans concession.

Le déclenchement de la première révolution de 1917 suscite beaucoup de méfiance chez l'écrivain. Il sent que cette soudaine flambée de violence peut déboucher sur la destruction d'une certaine culture à laquelle il est profondément attaché. La vulgarité, le chaos, l'anarchie lui répugnent. C'est le sens de ses articles publiés dans *La Vie nouvelle*, articles que les bolcheviks font mine de ne pas voir et effaceront plus tard soigneusement de sa biographie flatteuse de partisan du communisme de la première heure. Que lit-on, en effet, sous sa plume inquiète ? Que certaines exécutions sommaires ne sont que le fruit de « l'imbécillité et de la cruauté ». Que sont méprisables « les gens qui essaient de prouver quelque chose par des balles, des baïonnettes ou des coups de poing ». Que les feuilles attaquant la famille impériale sont « pornographiques ». La presse révolutionnaire est tout particulièrement au cœur des attaques de Gorki comme en témoigne cet article de mai 1917 : « Se glissant le long des murs comme des serpents venimeux et sifflants, les journaux empoisonnent et terrifient l'homme moyen en lui apprenant une prétendue "liberté de parole" qui est, plus exactement, dans ce cas, la liberté de dénaturer la vérité et de calomnier. La "parole libre" devient une "parole indécente". » Et ce cri d'alarme du 9 juin 1917 : « Tous les jours, la presse insinue dans l'esprit des lecteurs les sentiments les plus honteux : méchanceté, mensonge, hypocrisie et cynisme... Et dire que la révolution a été précisément faite dans l'intérêt de la culture. »

Un nouveau coup de force se prépare pour le mois d'octobre 1917 ? Gorki enrage un peu plus. « Cela signifie, écrit-il, qu'on verra de nouveau des camions bourrés de gens qui, dans leurs mains tremblantes de peur, tiendront des fusils et des revolvers ; cela signifie que ces fusils tireront dans les vitrines des magasins, sur les passants, n'importe où... Dans la rue rampera une foule inorganisée, comprenant mal ce qu'elle veut, et parmi elle se trouveront des aventuriers, des voleurs, des assassins professionnels... »

Toutes ces citations ne sont pas le fruit de mon imagination. Elles montrent — et besoin en était — combien la personnalité de Maxime Gorki fut éloignée de l'image du défenseur inconditionnel du bolchevisme qu'on a souvent donnée de lui. La propagande communiste utilisa largement la tristesse affirmée de l'écrivain à l'annonce de la mort de Lénine, dont il était « l'auteur préféré ». Mais qui rappelle ce qu'il écrivait du dictateur bolchevik six ans auparavant ? « Le pouvoir de Lénine arrête et jette en prison tous ceux qui ne partagent pas ses idées », « Lénine est un homme de talent qui possède toutes les qualités d'un chef, y compris celles qui sont indispensables à ce rôle : l'absence de morale et une dureté impitoyable, seigneuriale envers la vie des masses populaires », « Lénine fait une expérience avec la chair et le sang de la classe ouvrière », etc.

Toutes ces critiques, ces attaques, ces mises en garde finirent par exaspérer les nouveaux maîtres de la Russie. Son journal fut interdit et disparut en juillet 1918, quelques jours avant l'exécution des Romanoff — quel symbole ! La décision fut justifiée par la publication d'articles de *La Vie nouvelle* pourfendant la « capitulation » de Brest-Litovsk. Je crois, moi, que Trostki, Lénine et les autres cherchaient un prétexte depuis le jour de Noël 1917 — date là encore symbolique s'il en est — et ce texte d'un courage et d'une beauté incomparables où Gorki avait osé écrire : « Aujourd'hui, c'est le jour de naissance du Christ... Le Christ — idée immortelle de la miséricorde et de la charité — et Prométhée — ennemi des Dieux, premier révolté contre le destin —, l'humanité n'a rien créé de plus grand que ces deux symboles où s'incarnent ses plus hautes aspirations... Salut cordial à tous ceux qui se sentent solitaires dans la tempête des événements ! Salut cordial à tous ceux qui sont injustement détenus dans les prisons ! » Quel affront !

En fait, et ce fut le sens de son amitié avec mon père, la Russie de la révolte et la Russie de l'empire auraient pu se retrouver, nouer alliance, hors des bains de sang, dans leur commun amour du peuple.

Haï des principaux dirigeants de la Russie soviétique malgré ses prises de position en faveur des Rouges pendant la Guerre civile, Gorki finit par quitter le pays en 1921. Direction l'Italie mais après un crochet auprès de son fils Max, en Allemagne. Pour le plus grand bonheur de notre famille.

Je crois que Gorki portait à Irakly, Maria et moi-même une affection particulière. Il n'avait alors pas encore de petits-enfants, aussi nous considérait-il un peu comme les siens. Chaque fois que nous lui rendions visite, il se trouvait assis à sa table de travail. Au point que l'on se demandait quand cet homme se reposait. Son salon était encombré de livres, de papiers et de journaux. Il adorait évoquer ses voyages et son travail. Ce que j'appréciais particulièrement chez lui était sa façon de parler : il s'adressait à nous, des enfants, comme à des adultes assoiffés de connaissance.

Écrivain de génie, conteur talentueux, Gorki aurait aussi pu être un comédien remarquable. Ses interventions étaient toujours théâtrales. Nous sortions de chez lui enivrés de ses propos et de ses gestes. Il terminait toujours ses histoires en levant triomphalement l'index de la main droite et en s'exclamant, d'une voix forte et assurée : « C'est un fait ! »

Nous eûmes des heures merveilleuses à ses côtés. Le dimanche, il nous emmenait avec lui dans les sous-bois avoisinants. Pendant qu'il cueillait des champignons, nous ramassions des fraises des bois, des mûres, des cassis ou des baies dont maman se servait ensuite pour faire des confitures ou parfumer les vodkas. Nous rentrions généralement dévorés par les énormes moustiques qui infestaient la forêt sauf lui. Il paraissait comme immunisé contre leurs piqûres. Aucun d'entre eux ne l'attaquait ni même ne l'approchait. Autant dire qu'on s'éloignait le moins possible de lui.

Un jour, Gorki proposa à mes parents de nous emmener, mon frère, ma sœur et moi, dans une maison qu'il venait de louer pour quelques jours au bord de la mer du Nord, à Hersdorf. L'idée nous ravit mais Maria et moi devions rapidement déchanter une fois là-bas. Papa et maman nous manquaient terriblement. Nous avions préjugé de notre force de caractère.

Comme nous ne voulions pas montrer notre tristesse à notre hôte et à Irakly, nous avions trouvé un moyen de laisser éclater notre peine sans qu'il s'en rende compte. Tous les jours, nous emboîtions le pas au livreur de lait qui desservait le village et le suivions jusqu'à la forêt. Là-bas, nous avions tout loisir de verser quelques larmes nostalgiques en pensant à nos chers parents dont nous étions séparées. Un matin, Maxime Gorki et mon frère se rendirent compte de notre disparition et s'en affolèrent. À notre retour, nous fûmes assaillies de questions, finissant par avouer la véritable raison de nos excursions quotidiennes et de notre chagrin. Dans l'heure qui suivit, l'écrivain envoya des billets de train à mes parents pour qu'ils nous rejoignent.

L'Allemagne fut, avec la France, un lieu de refuge pour de nombreux Russes dès 1919. À commencer par les figures politiques de l'opposition antibolchevique. Outre des officiers des armées blanches, plusieurs dirigeants mencheviks vinrent s'installer à Berlin. Ils se rassemblèrent dans des cercles de réflexion comme *Mir i Troud,* Paix et travail, ou de journaux comme *Le Messager socialiste* et le mensuel *Rousskaïa kniga.*

Il y eut aussi des entrepreneurs, des intellectuels, des journalistes, des avocats, des banquiers, des médecins. Et des artistes. Kandinsky, bien sûr, mais aussi Chaliapine et le peintre Moussaiev. Nous eûmes l'occasion de revoir ces deux derniers que mes parents avaient très bien connus à Tiflis. Chaliapine en particulier. C'est grâce à la générosité et à l'affection de mes grands-parents qu'il avait pu terminer ses études. Il leur était tellement reconnaissant qu'il alla jusqu'à nous proposer de le suivre en Italie où il comptait s'installer pour poursuivre sa carrière. Loin des brumes germaniques qu'il avait en horreur. Mais papa ne le voulut pas.

En dehors de ces rencontres, la vie n'était pas toujours joyeuse. À la souffrance de vivre loin de leur pays s'ajoutait celle, pour mes parents, de ne pas connaître la langue allemande. Après s'être fait vendre de la saccharine à la place de sucre, mon père avait demandé que Maria et moi fussent en charge des courses. Grâce aux leçons de Fräulein, nous maîtrisions suffisamment la langue de Goethe pour nous débrouiller. Cela ne nous amusait guère mais c'était l'occasion de sortir de la pension. Si nos parents étaient souvent invités en ville, cela n'était pas le cas pour nous. Et les cadeaux qu'ils nous rapportaient pour nous consoler ne nous satisfaisaient guère ; d'ailleurs, nous nous empressions de les échanger au marché noir contre des bonbons et des tablettes de chocolat !

À l'hôtel, le plus dur était de vivre dans une forme d'anonymat qui ne m'était guère coutumière. Que vaut une princesse géorgienne de sang royal au regard de vacanciers ou de maîtres d'hôtel allemands ? Pas grand-chose. On en retient une forme d'humilité mais aussi un sentiment d'humiliation. Surtout à huit ans.

Pendant quelques jours, pourtant, je pus goûter aux délices retrouvées de la « célébrité ». Nous étions avec ma famille attablés dans la salle de restaurant de l'hôtel lorsque nous entendîmes des cris affolés. La petite fille d'un couple assez âgé s'était étranglée avec un os de poulet et commençait à étouffer. Tout le monde autour d'elle hurlait, pleurait, trépignait. Quelqu'un était parti appeler un médecin. Je me levai de ma chaise et, tranquillement, m'approchai de la fillette, enfonçant mes doigts, dans sa bouche avant d'en retirer triomphalement l'os coincé au fond de la gorge. En un éclair, j'étais devenue une espèce d'héroïne aux yeux de tous les assistants. Les jours suivants, tout le monde me saluait gravement et les parents de l'enfant sauvée me comblaient de cadeaux. Jusqu'au jour où maman fit en sorte que tout ce manège cesse. « Pour mon bien », assura-t-elle.

Après huit mois passés en Allemagne, mon père annonça un matin que nous allions rentrer en Géorgie. Était-ce raisonnable ? Allions-nous retrouver notre maison intacte ? Le pays avait-il beaucoup changé ? Pourrions-nous y vivre à nouveau en sécurité ? À toutes ces questions nous allions connaître les réponses dès notre arrivée.

5

L'enfer

« Qu'est-ce que l'émigration ? Une voie à sens unique, qui conduit hors de la patrie ? Non, c'est aussi un retour, une voie qui conduit vers la patrie. Notre émigration, c'est notre voie vers la Russie. *Emigrare* signifie quitter son foyer. Ce mot n'est pas exact en ce qui nous concerne. Nous ne sommes pas des émigrants mais des migrants de l'ancienne Russie dans celle de l'avenir.

« Nous croyons que nous sommes très faibles parce que nous souffrons mais si, dans l'ordre empirique, inférieur, la souffrance est toujours une faiblesse, dans l'ordre supérieur, spirituel, il n'en est pas toujours ainsi : elle peut être aussi une force. Dans le destin des peuples comme des individus, le sceau de la souffrance est aussi le sceau de l'élection. N'y a-t-il pas là ressemblance avec Israël ? Notre souffrance est semblable à la cécité. La lumière de nos yeux, la Russie, nous a été ravie. Ce que signifie la lumière, seuls les aveugles le savent ; ce n'est qu'à l'étranger que nous avons appris ce que signifiait la Russie. Nous avons perdu la vue extérieure, mais nous avons ouvert les yeux intérieurs, et nous avons vu la Russie invisible, la Terre sainte, promise. Il faut être privé de sa terre pour l'aimer d'un amour qui n'est pas terrestre. Notre amour infini, non terrestre, de la Russie, voilà ce qui fait notre force infinie. »

J'ignore si mes parents pensaient à ce texte si juste de Dimitri Merejkovski alors que nous préparions nos bagages pour rentrer en Russie. J'ignore s'ils en avaient eu connaissance ou même si l'écrivain russe l'avait déjà publié en 1922. Quoi qu'il en soit, je crois qu'il résume parfaitement l'esprit de tous ceux qui, au moins une fois dans leur vie, ont quitté leur Russie natale. Ce sentiment de ne jamais l'abandonner pour toujours, cette impression d'en emmener partout où l'on va un morceau avec soi, ce besoin physique d'y retourner : tout cela, notre famille l'avait vécu intensément pendant plusieurs mois.

Au cours du long voyage qui nous conduisit à Tiflis à nouveau par Berlin, Constantinople et Batoum, des sentiments mêlés nous habitaient. Le roulis du train, le staccato des lâchers de vapeur, les sifflements de la locomotive semblaient rythmer une sorte de marche fatale vers un avenir inconnu. En fait, papa avait décidé que nous devions rentrer non pas parce que la situation paraissait meilleure mais parce qu'elle risquait d'empirer. Son ami avocat de Tiflis lui avait écrit une longue lettre dans laquelle il lui expliquait qu'une nouvelle loi sur l'habitat venait d'être votée en Géorgie. Elle ordonnait que toute maison non occupée par son propriétaire légal fût réquisitionnée et confisquée par l'État. Si notre famille espérait revivre un jour dans ses meubles, il fallait revenir immédiatement faire valoir nos droits.

Comment trancher et si vite ? Malheureusement, les informations en provenance de Russie brillaient par leur incohérence. Seule certitude, malgré quelques jacqueries en Ukraine ou à Kronstadt, la guerre était bel et bien finie.

Économiquement, Lénine avait même opté pour l'abandon de la stratégie du communisme de guerre et décrété une nouvelle politique plus souple. Il s'agissait là de signes de détente bienvenus.

Dès le premier pas, sur la terre géorgienne, juste après la traversée de la mer Noire, d'autres signes, moins encourageants, apparurent. À peine étions-nous descendus du bateau que les douaniers de Batoum commencèrent à nous ennuyer. Des heures et des heures furent consacrées à examiner nos papiers et à fouiller nos bagages. Ils pensaient avoir affaire à des espions allemands ! Papa fut pris à part un long moment et subit un interrogatoire serré. Pendant que nous l'attendions, l'agressivité et la hargne à notre encontre étaient palpables. Même vis-à-vis de nous, les enfants. Au moment de sortir du bureau de douane, un garde se jeta sur moi et arracha le pompon de mon béret, persuadé qu'un diamant y avait été caché à l'intérieur. Ce n'était, bien sûr, pas le cas, mais il refusa de me rendre mon pompon. J'étais en larmes, furieuse.

Le voyage jusqu'à Tiflis fut d'une tristesse rare. Impossible de goûter à la joie de fouler le sol de notre patrie, trop de choses avaient changé. Partout, des traces de destructions et de pillages. Partout, des bannières, des drapeaux et des uniformes aux couleurs strictes, celles de la révolution. Partout, du rouge, et du noir, les couleurs du sang, de la mort, et du Diable.

Et que dire de l'arrivée dans notre maison que nous trouvâmes occupée par des étrangers ! Malgré notre insistance, il fut impossible de leur faire entendre raison. On leur avait certifié que, désormais, cet endroit leur appartenait, que c'était pour cela que la révolution avait été faite, que le peuple était désormais souverain.

Ne faisions-nous donc pas partie du peuple ? Étions-nous des étrangers dans notre propre pays ? Ou mieux, des extraterrestres ? Ou pire, des ennemis à abattre ?

Il nous fallut résider pendant plusieurs jours chez l'ami avocat de papa, le temps qu'il intervienne en notre faveur auprès de la Tcheka. Après de difficiles tractations, la police politique accepta que nous réintégrions une partie des murs de notre propriété. À une condition : que l'on rénove la maison. Toute la maison.

Quand ce fut fait, il nous fut royalement autorisé de prendre possession de deux salons du premier étage. De nouveaux aménagements étaient indispensables. Chacune des deux pièces fut séparée en deux à l'aide de rideaux : le premier salon fut transformé en chambre à coucher de mes parents et en salle à manger, le second en chambre des enfants et en salle de bains.

Il était, à l'évidence, hors de question de reprendre nos anciens domestiques à notre service. Fidèles, nostalgiques, ils revenaient néanmoins nous voir avec plaisir. Isidore, en particulier. Désormais installé à la campagne, il nous apportait des provisions de la ferme dès qu'il le pouvait. Du beurre, du lait, des œufs, des lapins, des poulets, de la charcuterie, toutes denrées qui, en ces temps difficiles, étaient devenues de véritables produits de luxe. D'avoir retrouvé Isidore me comblait de bonheur. Sa présence, toute de fidélité et de simplicité, me rassurait. Au cœur du désastre, il manifestait que la vérité des liens ne pouvait être abolie par la barbarie, que le secret du monde restait la bonté.

Nos voisins appartenaient tous à la Tcheka. Il suffit de voir des films comme *Ninotchka* d'Ernst Lubitsch ou *Est-Ouest* de Régis Wargnier pour imaginer l'ambiance pesante dans laquelle nous vivions : celle d'une *kommunalka*. Nous nous savions espionnés sans cesse et devions prêter la plus grande attention aux propos que nous tenions. Le moindre faux pas, la moindre remarque déplacée et nous avions droit à un rapport auprès de la police. Nous ne pouvions faire confiance à personne et ne communiquer nos états d'âme à qui que ce fût. Même pas — surtout pas — à ceux qui nous invitaient à le faire. La liberté de parole et de circulation dont nous disposions était purement théorique. Nos parents ne cessaient de nous faire la leçon là-dessus bien qu'il n'en fût guère besoin tant nous, les enfants, étions terrorisés.

La seule personne qui nous inspirait un peu de sympathie dans notre maison-prison était un ingénieur que sa femme avait abandonné en lui laissant sur les bras leur nourrisson. Tenaillé par la faim, l'enfant pleurait sans cesse. Un jour, je proposai au pauvre homme de nous laisser nous occuper de son petit garçon. Le nourrisson dormait désormais dans notre chambre sur deux chaises que nous avions rapprochées. La contemplation de ce bébé endormi me faisait presque pleurer d'attendrissement. Face à lui, je me sentais comme une enfant grandie trop vite par les épreuves et les difficultés. Pour lui non plus, ce n'était pas le grand luxe mais nos câlins et le lait que nous lui donnions semblaient le satisfaire. Soulagé, son père en conçut une grande reconnaissance à notre égard. Notre geste était désintéressé mais nous ne pouvions nous empêcher de penser qu'un jour peut-être nous nous féliciterions d'avoir rendu service à un membre de la terrible Tcheka.

Ce jour arriva dès l'année suivante. C'était un soir. Alors que nous nous préparions à aller nous coucher, nous avons entendu frapper à la porte. Quelques secondes plus tard, plusieurs hommes entrèrent dans nos chambres. Ils venaient emmener papa. Et ce, au motif qu'il aurait jadis exploité et torturé ses employés ! Sûr de son innocence, mon père se laissa arrêter sans opposer de résistance. Pour lui, faire reconnaître son bon droit serait l'affaire de quelques heures. Nous le regardâmes partir encadré des tchekistes sans mot dire. Malgré sa sérénité affichée, nous étions sous le choc.

Les nombreux interrogatoires qui lui furent imposés se passèrent plutôt bien. Quoique les responsables locaux de la police aient fait venir des paysans de toutes les campagnes environnantes, il n'en fut pas un pour le dénoncer. Tous assurèrent même qu'ils le considéraient un peu comme leur père et leur protecteur. En dépit de ces témoignages, on décida toutefois de le garder en prison.

Tous les matins, je me rendais accompagnée de Joker pour apporter quelques vivres et du linge propre à mon père embastillé. Puis je repartais seule, le chien s'asseyant devant la porte de la prison où il restait jusqu'au soir.

Un jour, Joker rentra plus tôt que d'habitude. Son intelligence intuitive était telle qu'il ne pouvait s'agir là d'un quelconque accès de lassitude ou de fatigue. Cela ne pouvait signifier qu'une chose : papa n'était plus dans la prison. Soit il avait été emmené ailleurs, soit il avait été libéré, soit il avait été fusillé. Irakly et moi nous précipitâmes à la prison. Personne ne voulut nous renseigner. Nous apprîmes simplement qu'il était désormais inutile d'apporter quoi que ce fût aux prisonniers. Aussitôt, je fondis en larmes dans les bras de mon frère. Irakly fit mine de me consoler mais je sentais qu'il pensait comme moi, qu'un sort funeste avait frappé notre père, ce qui ajoutait à mon désespoir.

Nous rentrâmes effondrés à la maison. Maria nous y

attendait avec des nouvelles. Papa n'était pas mort, elle l'avait croisé sur le chemin de l'école ! Oui, mais son sort n'était guère enviable ; on l'envoyait en Sibérie.

Ce fut alors que notre voisin intervint, à la demande de maman. En quelques jours, il parvint à faire élargir mon père, lui épargnant une mort certaine dans l'un de ces camps dits « de travail » dont on ne revenait pas.

Le premier camp de concentration soviétique avait été créé en 1922 à Kholmogory, sur la mer Blanche. On y avait déporté un groupe d'anarchistes. Ils furent les premières victimes d'un système appelé à prendre une ampleur jamais égalée. Selon Boris Souvarine, le nombre d'hommes et de femmes emprisonnés au moins une fois dans les camps soviétiques s'élèvera à quinze millions et ce, en 1937 ! Quinze millions d'êtres humains avaient connu, au bout de seulement vingt ans de communisme en Russie, l'horreur absolue. Quinze millions d'esclaves éparpillés entre les Solovki et la péninsule de Kamtchatka, dans les mines d'or de Sibérie et les mines de houille de Kouznetsk et de Karaban, dans les usines électriques d'Asie centrale, dans la boue de ces chantiers de construction pharaonique d'autostrades, de lignes de chemin de fer et de canaux sur la Volga et qui, pour la plupart, moururent de froid, de faim, d'épuisement ou finirent égorgés, pendus, fusillés avant de rejoindre les charniers.

Mon père avait passé quatre mois en prison. Ces quatre mois avaient été terribles à vivre mais je compris rapidement combien notre souffrance avait été modeste au regard du destin d'autres familles. Très peu de temps après sa libération, je rencontrai dans la rue le fils d'amis de mes parents. Il pleurait tellement que je ne saisissais pas un mot de ce qu'il essayait de me dire. Je le pris par la main et le conduisis à la maison. Enfin calmé, il put nous raconter.

Ses parents avaient reçu une lettre de France signée d'amis désireux d'obtenir de leurs nouvelles et de savoir s'ils n'avaient besoin de rien. Redoutant que la missive puisse être découverte chez eux, ils la déchirèrent dès qu'ils l'eurent lue. Geste fatal. Quelques jours plus tard, la Tcheka débarqua chez eux et leur demanda où se trouvait la lettre. Honnêtes et naïfs, ils répondirent qu'ils l'avaient détruite. On refusa de les croire et on les accusa de trahison pour avoir caché la preuve de leur forfait. Le lendemain, ils étaient fusillés.

Nous accueillîmes le petit garçon qui vécut plusieurs jours parmi nous. Ayant retrouvé la trace de la sœur de sa mère qui vivait en Russie, nous le fîmes envoyer auprès d'elle. Quelques années plus tard, son nom devint célèbre dans le monde entier grâce à une de ses inventions. Laquelle ? L'hélicoptère. L'orphelin s'appelait Sikorsky.

Les jours et les nuits d'angoisse que nous avions vécus lors de l'emprisonnement de mon père ne s'estompèrent que difficilement. Regarder par la fenêtre l'ancien palais du gouverneur qui se trouvait en face de notre maison suffisait à nous rappeler quelle époque nous ne vivions plus. Jadis occupé par des représentants du gouvernement impérial, il appartenait désormais au Comité du Parti. Un drapeau rouge ornait sa façade.

L'ancien palais des Bagration, lui, était devenu une prison par où transitaient les malheureux que l'on déportait en Sibérie. Même si nous n'y avions jamais résidé, nous souffrions de le savoir désormais habité par les tortionnaires de la police politique soviétique.

Nos journées étaient réglées sur le rythme de l'école. Mon frère, ma sœur et moi quittions la maison à huit heures et rentrions vers trois heures de l'après-midi. Nous emportions un *buttenbrot*, un en-cas car nous n'avions ni le temps de revenir à l'heure du déjeuner ni les moyens d'aller à la cantine populaire. Le tramway me servait de lieu de révision pour mes leçons. À notre retour, il fallait exécuter des travaux pour la communauté sans quoi nous ne pouvions obtenir les précieuses cartes de rationnement alimentaire. Au début, je brodais des petites fleurs sur des mouchoirs — jusqu'à cinquante par jour ! Puis, on me confia la fabrication d'abat-jour. Maman, elle, devait faire des coussins ; elle en cousait le tissu, les remplissait de laine puis les brodait aussi de fleurs colorées. De son côté, papa roulait des cigarettes et les mettait dans des boîtes. Nous travaillâmes ainsi tous les jours pendant des années. Ce fut notre contribution à l'avancée socialiste de la nation.

Irakly était inscrit à l'ancienne école allemande. Maria et moi fréquentâmes l'école publique puis le lycée français de Tiflis. Les écoles n'avaient plus de nom, elles portaient de simples et froids numéros.

Je n'étais pas très bonne en classe, contrairement à mon frère et à ma sœur. Je souffrais beaucoup des moqueries de mes professeurs qui n'avaient que mépris pour la princesse que j'étais. Quand j'étais interrogée, leur plaisanterie préférée consistait à me demander, pour la plus grande joie sarcastique des autres élèves, de raconter les supposées horreurs de l'Ancien Régime et d'égrener la liste des privilèges perdus par l'aristocratie. J'étais très malheureuse et me sentais très seule.

Heureusement, il y avait le cours de mathématiques. Contrairement à ses collègues, le professeur, très courtois, était aimable avec moi. Le réconfort que je trouvais à son contact se répercutait sur mes résultats. À tel point que je fus un jour convoquée par le directeur de l'établissement qui ne parvenait pas à comprendre comment je pouvais obtenir d'excellentes notes en mathématiques et des appréciations très moyennes dans les autres matières. La réponse, qui n'était que vérité, sur le comportement des uns et des autres le vexa terriblement.

Ces années, les années 20, furent d'une triste monotonie. Vivant dans la crainte permanente d'une nouvelle arrestation, peu à l'aise avec les manies et les enthousiasmes obligatoires de la nouvelle société, nous ne sortions guère et rencontrions peu de gens. Finalement, nous ne partagions avec eux que les souffrances nées de 1917. Parmi elles, la faim.

L'industrialisation forcée du pays, la politique de quotas de réquisition et l'instauration du système des kolkhozes avaient provoqué de nombreuses famines en Union soviétique. Celle de 21-22 toucha vingt-neuf millions de personnes dont au moins cinq millions périrent. L'Ukraine, jadis grenier à blé de la Russie, fut particulièrement touchée mais ce fut aussi le cas, à moindre échelle, de toutes les autres régions. Les campagnes incarnaient, pour le parti communiste, le soutien le plus fidèle de l'Ancien Régime. Elles étaient, à ses yeux, le vivier possible d'une contre-révolution. En obligeant des centaines de milliers de paysans à devenir ouvriers et à délaisser leur récolte et leurs troupeaux, les maîtres du Kremlin privèrent chroniquement des millions de citoyens des produits de première nécessité.

Il n'était pas rare de n'avoir rien à manger certains jours. Fruits et légumes étaient souvent introuvables et nous ne nous procurions plus que rarement de la viande.

Même le pain était difficile à obtenir. Il fallait faire la queue pendant des heures sans garantie qu'il en reste lorsque viendrait notre tour. La plupart du temps, c'était mon père qui patientait devant la boulangerie, sous la pluie, dans le froid ou sous une chaleur écrasante. Il refusait que maman connaisse cette épreuve.

L'attitude de papa était empreinte de cette dignité dont il ne se départait jamais. Sa conception de la vie et des devoirs liés à sa naissance était restée intacte malgré les événements. Famille princière nous avions été, famille princière nous resterions. C'est pourquoi il exigeait toujours que nous continuions à dîner avec l'argenterie et la porcelaine. Non par snobisme, mais par crainte de voir ses enfants oublier de se tenir correctement à table et perdre les bonnes manières comme dans tant d'autres familles.

Un des moyens d'échapper à la faim était de se rendre à la campagne où le climat était aussi plus doux durant les étés. Au cours de l'un d'eux, nous allâmes chez un cousin de ma mère qui possédait une petite maison et un terrain. L'homme avait très mauvais caractère. Au bout de quelques jours, nous comprîmes que la situation n'était guère plus enviable qu'à Tiflis. Ici, aussi, manquaient certaines denrées indispensables comme le lait. Un jour, maman acheta une chèvre. Las ! Non seulement elle buvait le propre lait qu'elle produisait mais encore elle mangeait tous les arbres du jardin. Rendu fou furieux par ses méfaits, le cousin abattit l'animal. Choquée, maman décida de rentrer aussitôt à Tiflis. C'était au milieu de la journée. Nous ne le savions pas, mais la police avait décidé de venir chercher le cousin le soir même pour le fusiller. Si nous étions restés avec lui, nous aurions sans doute subi le même sort. La mort de la pauvre petite chèvre nous avait sauvé la vie.

Quelque temps plus tard, un matin, ayant réuni son dernier pécule, maman entreprit de partir, avec ma sœur et moi, acheter deux, trois animaux vivants dans une ferme afin d'améliorer notre ordinaire. Nous rentrâmes l'après-midi, chacune avec un panier où se débattaient nos futurs repas. Maman un coq, Maria une poule noire et moi un poulet gris. Quand nous arrivâmes à Tiflis, la nuit était tombée et le couvre-feu déjà instauré. Nous nous cachâmes toute la nuit à la gare, sous un wagon. Il fut impossible de dormir. Des coups de feu ne cessaient de retentir alentour. Enfin le jour se leva et nous retrouvâmes papa qui nous apprit que, cette nuit-là, plusieurs centaines de personnes avaient été tuées au cours d'un affrontement avec la police. La plupart à proximité du chemin de fer.

Ainsi allait la vie. La Terreur rôdait partout. Aux humiliations et aux souffrances physiques que nous subissions s'ajoutaient aussi les humiliations et les souffrances spirituelles et morales. Pour les croyants que nous étions, la persécution antireligieuse ordonnée par le régime communiste était une tragédie de plus.

Elle avait commencé dès la guerre civile au cours de laquelle vingt-cinq évêques et archevêques avaient été enfermés ou exécutés. Puis ce fut la création de la Ligue des Sans-Dieu qui devint par la suite l'Association des Antireligieux. Cet organisme ne se fixait qu'un seul but : extirper toute croyance ou valeur spirituelle de l'esprit des citoyens soviétiques. Laissant à la police politique la charge des destructions physiques des lieux de culte, il concentrait ses efforts sur la propagande et l'intimidation. Sous sa responsabilité, des églises comme le grand monastère de la Trinité-Saint-Serge près de Moscou furent transformées en musées de l'athéisme ou en salles de jeux, des conférences tournant les prêtres en dérision organisées, ainsi que des contre-parades grotesques au moment des cérémonies que l'État faisait mine de tolérer. Durant la Semaine de la Passion, des tableaux vivants étaient mis en place à proximité des églises ; on y jouait des saynètes où des hommes et des femmes travestis en prêtres hurlaient des chants blasphématoires et se trémoussaient, une bouteille de vodka à la main.

Six cents évêques, quarante mille prêtres, cent vingt mille moines et moniales exterminés dans les camps, soixante-quinze mille lieux de culte détruits : tel serait le bilan en 1937. Mais, à force de faire de Staline un monstre — ce qu'il était — on finirait presque aujourd'hui par mythifier Lénine dont l'œuvre aurait été trahie par son successeur géorgien. Je refuse cette réécriture de l'Histoire. L'attitude de Lénine dans sa politique sacrilège et meurtrière contre la religion chrétienne démontre combien il égala en monstruosité Staline. C'est en effet sous son autorité que fut décrétée en 1922 l'expropriation totale de l'Église. La date de cette mesure ne fut pas prise au hasard. Elle intervint aux pires moments de la famine en Russie, c'est-à-dire à une période où le peuple n'avait pas la force de s'en défendre. Il l'expliqua lui-même au Bureau politique du Parti communiste dans une lettre du 19 mars 1922 : « Avec tous ces gens affamés qui se nourrissent de chair humaine, avec les routes jonchées de centaines, de milliers de cadavres, c'est maintenant et seulement maintenant que nous pouvons, et par conséquent devons, confisquer les biens de l'Église avec une énergie farouche, impitoyable. » Quel cynisme ! Quelle absence de la moindre once d'humanité dans ces propos où, pas un instant, Lénine n'émet le moindre regret, la moindre pensée pour les victimes de la famine !

À l'école, on demandait aux enfants de se rendre dans les églises afin de noter le nom de ceux qui venaient y prier. Des amendes de cent roubles sanctionnaient l'achat de sapins au moment de Noël. Des cathédrales, des monastères mais aussi des temples, des synagogues et des mosquées en carton étaient brûlés à la sortie des offices religieux. On priva les serviteurs du culte de leurs droits civiques, leur ôtant ainsi la possibilité de bénéficier des cartes de rationnement et d'une assistance médicale.

Constatant la difficulté à venir à bout de la foi qui animait encore des millions de Russes, le régime entreprit de miner de l'intérieur l'Église orthodoxe. Le patriarche Tikhon fut contraint de signer une déclaration de loyauté vis-à-vis de l'État soviétique, afin de semer le trouble parmi le peuple. Il mourut sous la torture en prison. Le siège patriarcal demeura vacant jusqu'à l'invasion nazie en 1941. Son successeur, le métropolite Serge, accepta de lancer un appel pour la défense de la patrie qui revenait à faire allégeance à l'URSS. Ce ralliement accentua une scission durable au sein de l'Église orthodoxe russe. Staline n'en espérait pas moins.

Après 1929 s'était toutefois organisée dans le pays une Église opposée à tout lien avec le régime. Son clergé était errant et disait la messe clandestinement dans des grottes ou des domiciles privés. Nommée « Église des catacombes », elle fut très durement persécutée.

En Géorgie, l'acharnement contre l'Église se matérialisa par la confiscation de ses biens, dont certains purent toutefois être sauvés après avoir été cachés dans les cavernes des montagnes proches, la fermeture de nombreux lieux de culte et l'emprisonnement du Katholikos géorgien Ambroise Chelaï dès 1924. De véritables joyaux de l'art local disparurent à jamais. Ainsi certaines icônes peintes entre le VIIe et le XIIIe siècle. On y voyait des visages de saints sombres mais rayonnants, enchâssés dans des encadrements en or incrustés de pierres précieuses. Et aussi de superbes fresques comme celles qui ornaient les murs de la plus grande de nos églises, Sveti Tskholevi, bâtie en 1010. Son architecte, Arsukidze, selon la légende, avait eu la main tranchée après sa construction — le roi ne voulait pas qu'il pût créer quelque chose de plus beau. Mais la légende était devenue réalité et, désormais, les nouveaux tyrans faisaient des baptistères des tombeaux où s'amoncelaient les cadavres.

Notre famille fut directement victime des exactions athées encouragées par Staline. Un jour, en effet, nous fûmes prévenus que l'église près de notre maison serait bientôt détruite. La ville allait récupérer le terrain. Notre caveau familial se trouvait là. Mon père fut contraint de déterrer les corps de son père et de ses ancêtres et de les conduire dans un autre cimetière. Jamais je n'avais vécu cérémonie plus macabre.

Parallèlement à la déchristianisation du pays fut entreprise une intense politique de russification. À l'opposé du libéralisme des tsars Alexandre Ier et Nicolas Ier, qui avaient favorisé la renaissance de la culture géorgienne, ordre fut donné d'éteindre toute mémoire de notre nation. Des écoles russes furent créées afin que les petits Géorgiens ne puissent plus suivre d'enseignement dans la langue de leurs ancêtres. Moscou ne parvint néanmoins pas à empêcher les vieux paysans de continuer à parler leur dialecte entre eux. Entre eux et avec leurs enfants et leurs petits-enfants. À la maison et dans les rares églises épargnées.

Des citoyens de seconde zone. Voilà ce que nous étions devenus dans cette Russie proclamant de façon mensongère l'égalité de ses citoyens. On avait détruit une inégalité pour en instaurer une autre et non en supprimer le principe. Il suffisait de constater les avantages matériels octroyés aux adhérents du Parti pour s'en convaincre. À eux les tickets de rationnement prioritaires, l'accession aux meilleurs postes administratifs, les bourses d'étude et tant pis pour les autres ! À eux, aussi, les places de choix dans les salles de spectacle, ces loges royales jadis dénoncées avec tant de virulence.

Grâce à mon assiduité aux cours de danse, j'étais parfois choisie comme figurante dans les spectacles qui se déroulaient à l'opéra. De la scène, je pouvais distinguer cette loge jadis réservée à l'année à notre famille et désormais occupée par la mère de Staline. Elle y venait toujours habillée en costume traditionnel géorgien et ne cessait de demander pourquoi il n'y avait pas plus de portraits de son fils.

La salle n'était jamais pleine parce que personne ne voulait s'asseoir à côté des étrangers, ambassadeurs ou consuls, qui garnissaient certains rangs. On savait que si, par malheur, l'un d'entre eux vous adressait la parole pour vous demander le programme ou votre sentiment sur le spectacle, il y avait grand risque à être convoqué le lendemain par la police suspectant là quelque complot contre la sûreté de l'État avec le représentant d'une puissance étrangère. Avec, à la clé, à coup sûr, le peloton d'exécution.

La vie était vraiment difficile. C'était une époque où chaque objet, si anodin fût-il, nous était aussi précieux qu'un joyau de la couronne royale. Tout était recyclé. D'une paire de gants usée, on fabriquait des chaussures.

Du parchemin d'un abat-jour, on faisait le patron d'une robe dont le tissu provenait d'un bout de drap ou d'un morceau de rideau déchiré. Il fallait développer des trésors d'ingéniosité pour rendre un peu moins sordide cette existence qui nous était imposée.

Les derniers bijoux de maman et les rares meubles que nous avions pu garder avaient été vendus depuis longtemps. Nous ne nous promenions plus au marché américain qu'en simples visiteurs. Bâti sur un terrain qui avait appartenu à mon père, c'était un marché en plein air protégé par des bâches. On y trouvait des choses extraordinaires. Des chaussures, des fourrures et de splendides toilettes, envoyées depuis les États-Unis et dont quelques habiles Arméniens faisaient le commerce à Tiflis. Des Russes appartenant à la Nomenklatura venaient spécialement de Moscou et de Leningrad pour s'habiller et se chausser.

Ces sorties en ville étaient exceptionnelles. La plupart du temps, nous restions à la maison. Entre nous. Le samedi, le vieux médecin de la famille, le docteur Édouard Sebastinsky, venait nous rendre visite pour bavarder — à mots couverts — et jouer. Quand je gagnais, j'avais droit aux délicieux gâteaux confectionnés par son épouse. Mais toutes les recettes employées étaient celles, pauvres, autrefois réservées aux temps de Carême.

Lorsque la malaria fondit sur moi, ce ne fut pourtant pas à lui que mes parents firent appel. La gravité de ma crise de paludisme les avait incités à faire confiance à une poudre orientale qu'une amie de maman avait rapportée de Chine. Elle l'avait achetée à un vieux sage qui lui avait exposé quelques méthodes de soins totalement inconnues chez nous. Le remède se révéla très efficace et je fus remise sur pied plus vite que prévu. Le fils du vieux Chinois habitait Tiflis. Il était venu plusieurs fois pendant ma crise de paludisme et était tombé fou amoureux de moi. Pourtant je ne devais être guère belle à voir. Il tenait absolument à ce que je l'épouse. Mais je n'avais que seize ans.

Pendant cette période, notre famille se montra plus soudée que jamais. Ma grand-mère paternelle et ma tante Nina vécurent plusieurs mois avec nous après l'assassinat de mon grand-père. Elles ne voulaient pas retourner à Saint-Pétersbourg où elles craignaient d'être à leur tour exécutées par les communistes.

Ma grand-mère avait tenu à conserver l'élégance et la classe dont elle faisait preuve avant la Révolution. Toujours impeccablement habillée, coiffée et manucurée, elle se comportait comme si elle vivait encore à la Cour. Était-ce pour se donner du courage après la douloureuse épreuve qu'avait constituée la disparition de son mari ? Toujours est-il que la voir ainsi dans ses robes de princesse nous amusait beaucoup.

Avec tante Nina, c'était une autre affaire. Sœur aînée de papa, elle avait été demoiselle d'honneur de l'impératrice Alexandra Féodorovna, une distinction prestigieuse accordée aux seules jeunes filles issues de familles appartenant à la haute noblesse de l'empire. En dépit de son éducation, elle se comportait en véritable peste. Prête à râler pour un oui ou pour un non, privée de toute forme d'humour, curieuse jusqu'à l'indiscrétion, elle me faisait peur. Surtout quand elle me menaçait de me faire envoyer au couvent si je n'étais pas sage — j'avais une sainte crainte des religieuses et de leurs voiles noirs ! Elle ne cessait de me donner des leçons de morale et de bonne conduite qui avaient le don de m'exaspérer.

Au bout de quelque temps, grâce à la vente d'une

propriété, papa put rassembler une somme d'argent suffisante pour permettre à ma grand-mère et à ma tante de quitter le pays. Elles le firent sans difficulté mais ne purent emmener que très peu de choses avec elles.

Elles s'installèrent à Nice où de nombreux exilés russes étaient déjà venus se réfugier depuis la Révolution. De là, ma grand-mère m'écrivit régulièrement de longues lettres jusqu'au jour où l'on nous fit savoir qu'il lui était désormais interdit de nous adresser du courrier. L'une de ses missives avait été ouverte par la police et, à la lecture, avait fortement mécontenté ces messieurs du comité bolchevik. Son contenu ? Des descriptions enthousiastes de monuments et de jardins qu'elle avait admirés lors d'un voyage à Venise. Comment avait-elle pu oser s'émerveiller devant ces témoignages de la beauté d'un pays qui n'avait pas embrassé le socialisme ?

Mon frère Irakly rejoignit ma grand-mère et ma tante après la fin de son cursus scolaire. Interdit d'université en raison de son origine princière, le régime l'avait autorisé à poursuivre ses études à l'étranger. À condition qu'il en ait les moyens ! Ce fut le cas grâce aux kilos de caviar — deux par mois — que nous fîmes envoyer à Nice où ma tante le revendait dans les grands restaurants de la ville.

Nous vivions en fait les derniers temps où quitter l'enfer soviétique demeurait possible. Plus tard, une chape de plomb garantirait l'étanchéité du système. Ainsi, dans les années 60-70, une blague courait à Moscou. Si l'Intourist, le service d'État qui organisait les voyages des touristes étrangers en URSS, s'était appelé l'Extourist, il ne serait resté plus personne dans le pays.

Après le départ de mon frère, il devint de plus en plus évident à l'esprit de mes parents qu'il nous fallait, nous aussi, fuir à nouveau le pays. Définitivement. Mais comment ? Devant l'augmentation de départs du paradis socialiste, les autorités avaient durci la législation et il était impossible de quitter l'URSS sans autorisation et sans argent. Un seul homme pouvait nous venir en aide, Maxime Gorki.

Exilé plus ou moins volontaire au lendemain de la Révolution, l'écrivain avait commencé à revenir régulièrement en URSS à partir de 1928. Célébré par le régime qui voyait en lui l'un de ses plus utiles ambassadeurs, il avait choisi de s'y réinstaller en mai 1933. Nous ignorions dans quel état d'esprit il se trouvait, si son succès l'avait grisé ou non. Mes parents voulaient croire qu'il était resté l'ami avec qui nous avions partagé tant de moments heureux en Allemagne.

Surtout, nous espérions qu'il était resté cet éternel avocat du genre humain, ce défenseur farouche des opprimés qu'il avait été quinze ans auparavant. Combien d'écrivains, de savants, de professeurs, d'artistes avaient survécu à la faim ou à la folie meurtrière de la Tcheka pendant la Révolution grâce à sa générosité ? Des centaines, au bas mot. Son appartement ne désemplissait pas. « Il y avait là, devait souligner le poète Khodassevitch, des gens venus pour toutes sortes d'affaires : de la Maison de l'Art, de la Maison des Hommes de lettres, de la Maison des savants, de la Littérature universelle ; des écrivains et des savants de Pétersbourg et d'ailleurs ; des ouvriers, des marins, des artistes, des peintres, des spéculateurs, d'anciens courtisans, des dames du monde. On le priait d'intervenir pour des prévenus ; par son entremise, on obtenait des rations alimentaires, des logements, des vêtements, des médicaments, des matières grasses, des billets de chemin de fer, des ordres de mission, du tabac, du papier, de l'encre, des fausses dents pour les vieux, du lait pour les nouveau-nés, bref tout ce qu'il était impossible d'obtenir sans piston. Gorki écoutait tout le monde et écrivait d'innombrables lettres de recommandation. » Ce Gorki-là ne pouvait avoir disparu.

Grâce à des amis sûrs — il en restait —, ma mère fit parvenir un courrier à l'écrivain. Elle lui demandait une entrevue. Il lui répondit qu'il lui était impossible de la recevoir actuellement à Moscou mais qu'il serait ravi de la voir prochainement à Tiflis où il devait se rendre à l'invitation d'un groupe d'écrivains géorgiens.

Les retrouvailles se passèrent le mieux du monde. Si l'homme avait un peu changé physiquement — il était plus voûté et ses tempes grisonnantes —, son caractère était resté identique. En quelques jours, il nous fit obtenir des laissez-passer pour maman, Maria et moi. Une fois à l'étranger, il serait plus facile de faire sortir papa, fut-il estimé.

Pendant plusieurs jours, les discussions sur l'opportunité de partir se multiplièrent. La veille du jour de notre départ, maman déclara même que nous devrions finalement rester. Nous en discutâmes en famille toute la nuit jusqu'à ce qu'elle se ravise. La mort dans l'âme. Partir, c'était abandonner nos attaches, nos coutumes, nos maisons de Tiflis et de Mjadis Djavari, nos amis, notre grand-mère maternelle, notre père. Comment l'accepter sans peine ?

Nous étions au début du printemps 1934. Le train dans lequel nous devions prendre place n'était composé que de wagons de troisième et de quatrième classe. Il fallait jouer des coudes pour trouver des sièges. Nous nous assîmes finalement sur des banquettes en bois à proximité desquelles nous disposâmes nos valises.

Papa avait émis le souhait de nous accompagner à la gare. Surmontant sa peine, il ne laissait rien transparaître de son déchirement de nous voir le quitter. La dernière fois que nous avions été séparés, pensait-il sûrement, il avait bien failli ne plus jamais nous revoir.

Quand le train s'ébranla pour Moscou, puis Petrograd, je ne pus m'empêcher de penser au départ pour notre premier et court exil, plus de dix ans auparavant. La petite fille que j'étais alors avait bien grandi et compris beaucoup de choses. J'avais maintenant vingt ans. Ma mère me dit, en larmes : « Emplis tes yeux de ces images. » Mon regard, cependant, ne s'arrêtait plus sur les paysages splendides de cette Russie natale que nous quittions mais sur les points fixes d'un horizon qu'on appelle le souvenir. Serrée dans mon tailleur de crêpe noir, vaguement inquiète, je masquais tant bien que mal le chagrin nostalgique qui m'envahissait irrémédiablement dans ce coin de compartiment de troisième classe où je me tenais bien droite, faussement fière.

Que signifiait ce départ vers Varsovie, Paris et Nice ?

Était-il un adieu ou un au revoir à ma chère Géorgie ?

Marquait-il le début d'une vie placée sous le signe de l'exil et du voyage ?

CI-DESSUS. Mon grand-père, le prince Alexandre Bagration de Moukhrani, en 1906, à la droite de l'empereur Nicolas II, à l'époque où il était commandant du régiment des Gardes à cheval.

CI-CONTRE. Mes parents, au moment de leur mariage en 1908.

Avec mon frère Irakly, en 1917.

L'empereur Nicolas II de Russie.

Maxime Gorki.

CI-DESSUS. Je porte le costume national géorgien.

CI-CONTRE. Sur le balcon de notre appartement à Nice, en 1932.

EN HAUT. A Nice, avec ma mère et ma sœur.

Notre villa Montebello à Nice.

A DROITE. Mon premier mari, Sumner Moore Kirby (1895-1945).

Mes parents se retrouvent enfin à Nice, 1934-1935.

Dans les années 40,
avec ma fille Hélène.

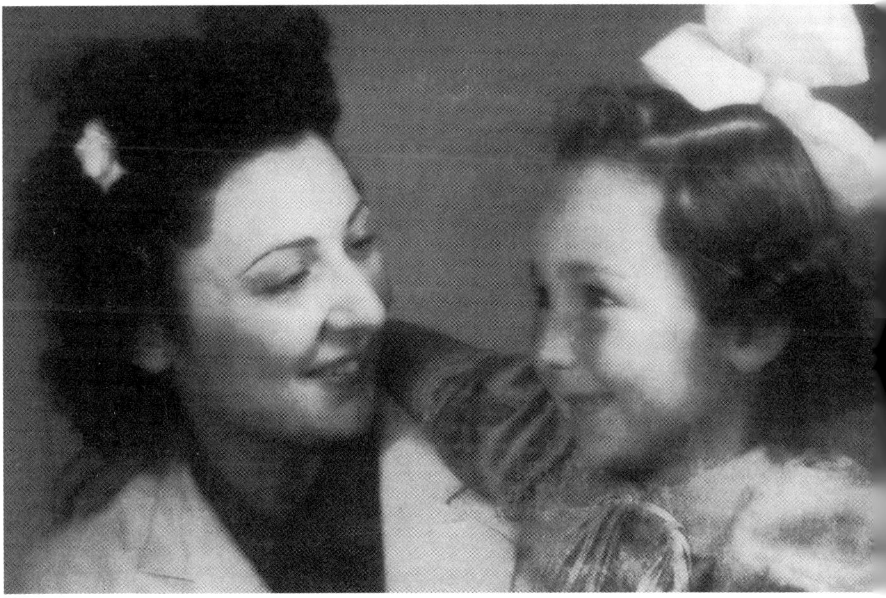

A GAUCHE. La grande-duchesse Victoria Féodorovna de Russie et son fils Wladimir, en 1918.

CI-DESSOUS. Repas familial à Saint-Briac, avec mon futur mari Wladimir et ses parents, le grand-duc Kyril et la grande-duchesse Victoria Féodorovna de Russie.

EN BAS. Le grand-duc Wladimir, adolescent.

6

La Russie de France

Le train nous conduisit d'abord à Moscou où ma mère et ma sœur restèrent pour récupérer de nouveaux laissez-passer ainsi que les passeports de la liberté promis par Gorki. Quant à moi, je poursuivis la route jusqu'à Saint-Pétersbourg que les communistes avaient rebaptisé Leningrad.

Je demeurai deux jours dans la ville bâtie par Pierre le Grand. Je voulais absolument faire mes adieux à ma marraine. Nous parlâmes de longues heures, à bâtons rompus. Nous étions dans le même état d'esprit : également partagées entre la tristesse de nous quitter et la joie de pouvoir, en ce qui me concernait, fuir l'horrible régime stalinien. Nos larmes se mêlaient, nous retrouvions les gestes de nos années heureuses où je posais ma tête sur son épaule et baisais ses chères mains en les arrosant de mes pleurs de petite fille grondée. Et elle, comme autrefois, de me rassurer de sa voix douce et enchanteresse.

Le moment de notre séparation fut empreint d'émotion. Sur le quai de la gare où je devais prendre le train pour rejoindre Moscou, nous nous étreignîmes de longues minutes sans nous parler. Puis elle me prit la tête entre les mains et plongea ses beaux yeux noirs brillants dans les miens avant de me bénir d'un grand signe de croix. Le savait-elle ? Le devinait-elle ? Cette entrevue serait la dernière.

Le train qui devait nous emmener hors du pays était un tortillard. C'était comme si le Bon Dieu voulait nous faire profiter le plus possible de cette terre, de ces plaines, de ces forêts et de ces rivières qui nous étaient si chères. Nous nous arrêtions presque à chaque ville que nous traversions. Des soldats montaient dans les compartiments et inspectaient, tatillons, les papiers de chaque voyageur. Cela durait des heures.

À l'un des arrêts, ma mère descendit afin de se rendre en ville et d'y acheter quelques fruits. Maria l'accompagna et je restai seule sur le quai avec le vif désir de me dégourdir les jambes. Deux soldats de l'Armée Rouge s'approchèrent de moi et me réclamèrent sèchement mes papiers. Glacée, je leur répondis que je ne les avais pas avec moi. Puis, me reprenant et feignant l'indifférence, j'ajoutai que ma mère les possédait mais qu'elle était partie faire des courses. « Je ne sais pas dans combien de temps elle revient », conclus-je avec détachement. Je m'en menais pas large mais les deux hommes ne semblèrent pas s'en rendre compte. Soit que tant d'assurance les impressionnât, soit que le zèle ne fût pas leur spécialité, ils me laissèrent là sans mot dire.

Je savais parfaitement à quoi j'avais échappé.

Ce ne fut qu'en entrant dans Varsovie que nous prîmes conscience de la situation. Nous n'étions plus en Russie soviétique ! Nous n'étions plus à la merci d'une dénonciation et d'une arrestation sommaires. Nous étions, mais oui !, *libres*. Je fus prise d'un vertige — la fatigue physique et nerveuse, l'émotion de me trouver libérée du poids de la peur qui accablait mes épaules depuis plus de dix ans. L'alerte passée, nous plongeâmes toutes trois dans cet état semi-hystérique où l'on ne peut s'empêcher de rire à gorge déployée. Soudain, tout nous paraissait beau, drôle, sympathique. Les gens que nous voyions à travers les fenêtres, les maisons, les rues, les lampadaires, les chiens errants, nous souriaient, nous félicitaient, nous souhaitaient la bienvenue. Bien que le train fût bloqué toute la nuit, nous ne parvînmes pas à nous endormir.

Au petit matin, une agréable surprise nous attendait : la femme du frère de maman vint nous saluer avec ses filles. Quel étrange tableau nous devions former en fêtant nos retrouvailles au milieu de ce chapelet de wagons endormis et plongés dans la brume printanière de Varsovie. Nos voisins de compartiment ont dû nous prendre pour une famille très bizarre.

Quelques heures plus tard, le train se remit en route. Nous arrivâmes à Paris dans la soirée. Épuisées mais ravies. Le corps glacé par le froid qui régnait dans la capitale française, mais le cœur réchauffé par le sentiment de liberté que nous éprouvions. Il nous fallut rester deux jours dans un petit hôtel proche de la gare du Nord. Le temps de reprendre notre souffle et de nous procurer des billets pour le Paris-Nice.

La joie de revivre qui avait été la nôtre en prenant conscience, à Varsovie, que le temps des persécutions, de la famine et de la peur était terminé, prit une nouvelle ampleur lorsque nous fîmes nos premiers pas à Nice. Ce soleil, ces palmiers, cette douceur méditerranéenne nous rappelaient notre chère Géorgie. Au lieu d'en éprouver une nostalgie quelconque, nous nous en réjouissions. Comme nous nous réjouissions de revoir ma grand-mère et ma tante Nina.

Elles vivaient dans un appartement situé — il n'y a pas de hasard dans la vie — rue du Tsarévitch, en face de l'église russe. Il y avait là trois chambres, une salle à manger et un modeste salon. Aucune des pièces ne donnait malheureusement sur la mer. Mais il y avait un petit jardin. Nous restâmes là quelques semaines — nous étions un peu à l'étroit — avant d'emménager un peu plus loin dans le même quartier.

L'appartement leur avait été généreusement offert par un riche Américain dont je fis rapidement la connaissance et que je trouvai très sympathique. Il se nommait Sumner Moore Kirby, et vivait à Nice en compagnie parfois de sa fille Gloria, née d'un premier mariage.

Seul bémol à ces retrouvailles, l'état physique et mental de ma grand-mère. Paralysée depuis plusieurs années déjà, elle n'avait plus toute sa tête. Tante Nina veillait sur elle quotidiennement et nous la relayâmes pour la soulager un peu. Ma sœur et moi eûmes entre autres tâches celle de lui lire les Écritures et la Vie des Saints, empêchée qu'elle était de se rendre à l'église. L'exercice se rêvéla rapidement fastidieux. Profitant de son attention très relative, nous inventâmes un stratagème pour rendre ces moments moins ennuyeux. À la place des textes bibliques ou hagiographiques, nous lui lisions les pages d'un roman russe comique en remplaçant le nom des personnages par celui des prophètes, des apôtres ou des Justes. Cela dura un certain temps. Jusqu'au jour où l'évêque de l'église russe que maman avait invité à déjeuner fut soudain pris à partie par ma grand-mère capable, par intermittence, d'éclairs de lucidité : « Monseigneur, vous ne nous aviez jamais dit que le grand saint Nicolas jouait au casino de Monte-Carlo ! ».

Étonnement de l'homme de Dieu : « Mais enfin, princesse, cela ne se peut pas. » Et ma grand-mère de s'échauffer : « Ah monseigneur, je vous demande bien pardon et vous prie de ne pas me mentir. Mes petites-filles me l'ont relaté ce matin, c'est écrit dans le Livre de Prières ! » Au « Quelle horreur ! » poussé par ma tante, j'ai imaginé quelques secondes que notre dernière heure était venue.

Dépaysée, je l'étais géographiquement. L'environnement humain, en revanche, m'était très familier. La plupart de nos voisins étaient d'anciens amis de mes parents issus de l'aristocratie chassée de la Russie des soviets. Beaucoup d'entre eux avaient échappé de peu à la mort et tous avaient perdu un ou plusieurs des leurs dans la tourmente révolutionnaire. Matériellement, nous étions logés, les uns et les autres, à la même enseigne, celle de personnes ruinées ou appauvries. Mais dignes. Nous évitions de nous lamenter sur nos malheurs et de nous remémorer notre grandeur passée. Y penser toujours, n'en parler jamais, tel était notre credo commun et tacite. Au fond de nous, tous nous caressions l'utopique espoir de voir la Russie redevenir un jour ce qu'elle avait été.

Depuis la guerre de Crimée, Nice était devenue un des principaux lieux d'émigration russe en France. L'église Saint-Nicolas-le-Thaumaturge-et-Sainte-Alexandra-Reine-Martyre avait été bâtie dans les années 1858-1860 par l'architecte Barraya. L'iconostase en bois de chêne massif, réalisée à Saint-Pétersbourg, avait été offerte par l'impératrice douairière Alexandra Fédorovna, femme de Nicolas Ier. En 1865, la famille impériale était venue là célébrer un office de mémorial pour le grand-duc héritier Nicolas Alexandrovitch. Quelques années plus tard, un second édifice religieux avait été bâti à Nice : la cathédrale Saint-Nicolas. Construite au cœur du parc de la villa Bermond, elle avait été conçue selon le plan des églises Renaissance à cinq coupoles de la région de Iaroslav et décorée par Léonide Pianovsky.

Si Nice avait tissé, dès le XIXe siècle, des liens étroits avec la Russie, la Révolution amplifia le phénomène qui s'étendit à d'autres villes d'un pays qui, avec l'Allemagne, fut la principale terre d'émigration choisie par les Russes après 1917. Contrairement à la légende, aristocrates et propriétaires terriens n'étaient pas les seuls à avoir fui le régime communiste. Des petits commerçants, des intellectuels, des artistes, des paysans, des juifs, des prêtres avaient accompagné le mouvement. La plupart durent se plier, quel que fût leur statut précédent, à une vie laborieuse. Les uns se firent ouvriers, beaucoup chauffeurs de taxi (on en recenserait trois mille en 1939), d'autres domestiques. Leur faculté d'adaptation fut extraordinaire.

Depuis 1892, la France et la Russie entretenaient de très cordiales relations diplomatiques. Grâce à celles-ci, le regard des Français sur mes compatriotes avait changé. L'imagerie du terrifiant cosaque descendant les Champs-Élysées après les défaites de Napoléon en 1814 n'avait plus cours même si on avait gardé de cet événement, dit-on et quoique l'étymologie n'en soit point sûre, un terme argotique pour désigner les cafés : *bystro* (« vite » en russe).

Nous fûmes donc bien accueillis, aidés en cela par la maîtrise de la langue française acquise par beaucoup de Russes et de Géorgiens, et qui était la langue de la cour. Hormis quelques caricatures faciles de la part de certains cinéastes ou romanciers amusés par l'aspect pittoresque, voire exotique de notre communauté, nous ne subîmes aucune humiliation.

En s'intégrant rapidement à la société française, les émigrés russes, « en une nuit vomis par la populace » pour reprendre une ode écrite en Vendée par l'immense poétesse exilée Marina Tsvetaeva, permirent même à certaines villes de changer de décor. Paris et certaines cités de sa banlieue, Nice, Dinard ou Biarritz virent surgir en leurs murs des restaurants, des maisons de couture, des magasins, des écoles, des librairies et des lieux de culte russes. Des boîtes de nuit s'ouvrirent, faisant place à des orchestres de balalaïkas, des danseurs cosaques ou des chanteurs du Don. À l'entrée, les portiers portaient bonnets de fourrure et poignard au côté. Parmi les cabarets parisiens les plus réputés figuraient « Le Château caucasien », avec ses chœurs tsiganes et leur égérie Nastia Poliakova, « Le Yar » et « La Troïka », trois établissements du quartier de Pigalle.

Plus calme, rue de Berri, un salon de thé très chic, le « Tierem Boyard », attirait un monde fou. Créé par Kourakine et Vadim Chebeko, ancien maire de Moscou, dirigé par la princesse Vera Orbeliani, on y entrait en traversant un magasin de curiosités puis en empruntant un couloir qui débouchait sur une salle immense. Là, les murs, le plafond décorés par Ivan Bilibine, les tableaux, les meubles, les odeurs, les couleurs, tout vous procurait l'impression d'être revenu en Russie. On y croisait parfois la grande-duchesse Xénia, sœur du tsar Nicolas II.

Unis dans le souvenir de leur identité, les émigrés ne le furent guère politiquement. Seuls quelques naïfs se proclamaient républicains ou socialistes, mais la majorité monarchiste était elle-même percluse de querelles internes, tenant autant à des questions de rivalités personnelles qu'aux arguments idéologiques ou dynastiques officiellement avancés. En avril 1926 eut lieu à l'hôtel Majestic de Paris un congrès de la Russie hors frontières, tentative d'unification en états généraux de l'émigration russe. Il se solda par un échec. Plus tard, Staline envoya de nombreux espions noyauter les organisations d'opposition russe installées en France afin d'entretenir leurs divisions. Certains dirigeants de ces mouvements furent même assassinés ou enlevés comme le général Koutiépoff en 1930 et le général Miller en 1937, son successeur à la tête de l'Union des anciens combattants.

L'Église en exil souffrit aussi de graves problèmes d'organisation. Contrairement à la légende romanesque qui imagine l'exilé plutôt porté à une vie de débauché qu'à l'entretien de sa foi, le contact avec la Cité céleste représente un véritable réconfort pour celui que l'on prive de sa Cité terrestre. Malheureusement encore, le machiavélisme des maîtres du Kremlin empêcha les Russes exilés de vivre pleinement et unanimement leur foi.

Après le constat de la soumission obligée du patriarcat de Moscou, ou plutôt de ses quelques survivants, au régime soviétique, une assemblée religieuse réunie en Yougoslavie après la guerre se transforma en un synode d'évêques qui allait lui-même donner lieu à ladite « Église russe hors-frontières » dont le siège serait ultérieurement transféré aux États-Unis. À cette occasion, la province ecclésiastique d'Europe occidentale fut confirmée. Son animateur le plus charismastique en fut Mgr Euloge, institué métropolite de ce diocèse en 1922. Relevé de ses fonctions en 1930 pour s'être trop violemment opposé au patriarcat moscovite, il s'éloigna des hors-frontières trop politisés à son goût, se plaça sous la protection du patriarche de Constantinople et reçut le titre d'Exarque pour les paroisses russes d'Europe occidentale.

C'est à Mgr Euloge que l'on doit les plus belles initiatives de l'Église orthodoxe russe en France. Définitivement installé à l'église Saint-Alexandre-Nevski de la rue Daru en 1922, l'ancien archevêque de Volhynie fut à l'origine de la création de l'Institut supérieur de théologie Saint-Serge. Une structure prestigieuse dont les conditions de la naissance méritent d'être contées. Mgr Euloge avait demandé à Michel Ossorguine, le futur chef de chœur qui devait restituer au chant liturgique en slavon sa pureté et sa beauté originelles, de trouver un emplacement pour une paroisse russe à Paris. Se promenant dans le quartier des Buttes-Chaumont, il repéra — après avoir entendu des voix, selon certains — une église abandonnée. Elle avait appartenu à la Mission luthérienne avant-guerre et avait été placée sous séquestre par l'État français en 1914 après la déclaration de guerre à l'Allemagne. Le ministère de la Justice venait de la mettre aux enchères au titre des Réparations. Michel Ossorguine se renseigna sur la date de mise en vente. Elle avait été fixée le 18 juillet 1924. C'est-à-dire, incroyable signe du Destin, le jour de la fête de saint Serge de Radonège, fondateur du monastère de la Trinité près de Moscou et patron de la Russie ! Grâce à des dons en provenance du monde entier, l'Église russe parvint à emporter la mise. Les bâtiments furent consacrés dès l'année suivante. Ainsi naquit l'Institut de théologie orthodoxe Saint-Serge de Paris avec, pour vocation, la formation de prêtres pour les paroisses de l'émigration et la pérennisation du profond renouveau théologique qu'avait connu la Russie avant la fermeture des écoles religieuses.

Dans notre famille, nous ne faisions pas que suivre de loin de tels événements. Ils nous concernaient, ils nous réconfortaient. C'était ainsi que la Russie se perpétuait loin de la Russie. De telles nouvelles séchaient nos larmes, soulageaient nos cœurs. Et ce, d'autant plus, que les protagonistes nous étaient connus, voire familiers.

Le premier doyen de l'Institut fut le père Serge Boulgakov. Il avait été expulsé par bateau de Russie soviétique en août 1922 avec un groupe de cent soixante écrivains, philosophes, historiens et professeurs de renommée dont le régime avait décidé de se débarrasser. Chacun d'entre eux avait dû signer un document stipulant qu'en cas de retour il serait immédiatement fusillé. Tous n'avaient eu le droit d'emporter avec eux qu'un manteau d'été et un manteau d'hiver, un costume et du linge de corps de rechange, quatre chemises, deux caleçons, deux paires de chaussettes et... vingt dollars.

Ce fut autour de Serge Boulgakov, ancien marxiste converti, au cœur brûlant et mystique que se créèrent une maison d'édition de livres philosophiques et religieux ainsi que l'Action chrétienne des étudiants russes, un mouvement de jeunesse qui s'étendait sur tout le territoire français. Créée par Vassili Zenkovsky, l'ACER était installée dans un hôtel particulier appartenant à l'association américaine protestante YMCA. L'endroit servit à la fois de centre culturel et religieux où des penseurs et des écrivains venaient prononcer des conférences devant les étudiants (parmi eux, le futur prix Fémina Zoé Oldenbourg), mais aussi de foyer pour chômeurs et de cantine pour les plus démunis pendant la crise économique des années 30. À Nice, c'était le père Alexandre Eltchaninov qui animait la section locale de l'ACER. Disciple du père Serge, et lui aussi un intellectuel, il mit une passion ardente à secourir spirituellement les émigrés. C'était surtout un confesseur extraordinaire et je connais plus d'une jeune fille russe de

Nice en dette à son égard pour son extraordinaire affection et clairvoyance.

Théologien de grande qualité, le père Serge Boulgakov était originaire de la ville de Livny, à quatre cents kilomètres au sud de Moscou. Il y a quelques années — c'était en 1996, je crois —, une grande manifestation eut lieu en son honneur dans sa ville natale. La « place des prolétaires » fut rebaptisée à cette occasion « place du père Boulgakov », de même que le lycée de la ville. Honneur était enfin rendu à l'un des hommes les plus illustres du XXe siècle et dont les cercles avertis, à travers le monde, savent qu'il fut un dogmaticien très fécond.

D'autres figures de l'émigration choisirent la France dans les années 20 pour s'installer à l'abri de la folie communiste. Alors que les célèbres Pitoëff, d'origine géorgienne, étaient à Paris depuis 1905 déjà, ils virent arriver des gens de théâtre comme l'actrice D. Kirova, ancienne artiste du Petit-Théâtre de Saint-Pétersbourg devenue princesse Kassatkine-Rostovski, ou le metteur en scène Nicolas Evreïnov ; des danseurs comme Serge Lifar qui apporta un souffle rénovateur au ballet français avant de prendre la direction de l'Opéra de Paris de 1929 à 1944 ; des musiciens comme Stravinski, Prokofiev (qui retourna en URSS en 1932), Glazounov, Gretchaninov et Tcheretnine, premier directeur du Conservatoire russe de Paris ; des peintres comme Chagall, Nicolas de Staël et Kandinsky, fuyant dans le même élan le dogme du réalisme socialiste imposé en Russie. La liste est longue et révélatrice.

Moins connu, un groupe de cinéastes, d'acteurs et de techniciens s'établit au début des années 20 à Montreuil où il créèrent, au sein des studios Pathé, ce que l'on a appelé « l'école russe ». Parmi leurs admirateurs se trouvait un certain Jean Renoir qui a laissé quelques notes après avoir vu *Le Brasier* d'Ivan Mosjoukhine et Alexandre Volkhov : « La salle sifflait et grondait, choquée par ce spectacle si différent des banalités coutumières. Moi, j'étais transporté. Enfin, j'avais vu un bon film, réalisé en France. Il est vrai, il avait été fait par un Russe, mais à Montreuil, dans une atmosphère française, sous notre climat. »

Et la littérature ! Impossible de citer toutes ces plumes exilées qui étaient autant de coups de poinçon dans le cœur du système soviétique. Les plus prestigieuses ? Ivan Bounine, auteur des *Jours maudits* relatant son dégoût de la Révolution ; Dimitri Merejkovski, critique, essayiste (*Le Tsar et la révolution*), romancier épique (*Le Secret des trois*, *Le Messie*), biographe inspiré de Dante, Napoléon, Luther, etc. ; Ivan Chmelev, fils d'un officier blanc abattu pendant la guerre civile et auteur d'un livre, *Le Soleil des morts*, qui annonçait *L'Archipel du goulag*, d'Alexandre Soljenitsyne ; Boris Zaïtseff, dont *Le Fleuve du temps* avait pour cadre l'Institut Saint-Serge ; Pierre Krasnov, le célèbre général cosaque, dont la saga *De l'aigle bicéphale au drapeau rouge* obtint un immense succès populaire ; Nina Berberova, journaliste dans l'édition parisienne des *Dernières nouvelles*, écrivain de l'émigration par excellence (*Fêtes de Billancourt*, *L'Allégement du destin* et surtout son plus tardif et autobiographique *C'est moi qui souligne*) ; le prometteur Nabokov dont l'œuvre s'épanouira aux États-Unis après son séjour français ; les poètes Marina Tsvetaeva et Vladislav Khodassevitch, dont le dernier recueil de poèmes, *La Nuit européenne*, publié en 1939, portait un titre si tristement prémonitoire.

Tous ces écrivains se mêlaient chaque année avec la plus grande joie et une profonde humilité à la foule des milliers d'anonymes qui assistaient à « la journée de la culture russe » instituée le 8 juin, date-anniversaire de la naissance de Pouchkine. Débats, concerts, lectures publiques, manifestations ponctuaient les rassemblements qui, de Paris à Nice, marquaient l'attachement inébranlable de tous les Russes émigrés à leur nation. Fût-elle aux mains de gens pour qui le seul art digne de ce nom était celui qui mettait exclusivement en avant la révolution, le progrès et le socialisme.

L'exil était amer, mais notre émigration était une famille. Je pus ainsi plonger dans un bain d'échanges sociaux, culturels, qui n'aurait peut-être pas été le mien sans tous nos malheurs. Paradoxalement, la France me rendait plus russe que je n'aurais pu l'imaginer.

Depuis son arrivée, ma tante Nina avait fait de nombreuses rencontres. Elle ne tarda pas à me présenter quelques jeunes filles et garçons de mon âge appartenant à la noblesse russe exilée. Contrairement à moi, beaucoup se trouvaient en France depuis leur petite enfance. De leur pays natal, ils n'avaient qu'un souvenir vague et confus. Souvent, ils le rêvaient plus qu'ils ne le connaissaient vraiment.

Fraîchement débarquée de Russie, j'étais sans cesse assaillie de questions, dont certaines frisaient la bêtise. On me demandait par exemple s'il était exact que les loups se promenaient la nuit dans les rues de Moscou. Je répondais par la négative mais je voyais à leur regard que ma réponse ne les satisfaisait pas. Ils m'interrogeaient aussi sur Varsovie. Je leur faisais remarquer que cette ville se trouvait sur le territoire de la Pologne, indépendante comme l'étaient désormais les pays baltes. Là encore, je remarquais qu'ils doutaient de la véracité de mes propos. Au point qu'il n'était pas rare que leurs mères viennent me prendre à partie les jours suivants pour m'accuser de propagande révolutionnaire ou de pro-soviétisme. Un comble !

En vérité, ces jeunes gens n'étaient ni idiots ni bornés. Ils étaient simplement « victimes » de l'enseignement donné dans les écoles russes de France qui s'appuyaient sur des livres anciens écrits lorsque la région de Varsovie était encore une province de la Russie. Leur ignorance de la situation réelle du pays et leur méfiance — légitime — vis-à-vis de l'idyllique mythologie soviétique faisaient le reste.

Ces conversations mises à part, j'aimais beaucoup me retrouver avec eux. Ensemble, nous partagions le désir de construire une nouvelle vie en France et d'oublier le chaos dans lequel la guerre et surtout la Révolution avaient plongé notre nation. Nous avions vingt ans et il était temps de profiter un peu des plaisirs de la vie. On n'est pas sérieux quand on a vingt ans, dit-on. En tout cas, pas tout le temps.

Comme toute princesse qui se respecte, j'adorais les bals et les soirées mondaines. À cette époque, ils étaient légion, particulièrement à Nice, Cannes et Paris. Dans ceux où se pressaient majoritairement des membres de la communauté russe régnait une atmosphère de joie de vivre que seuls ceux qui ont souffert peuvent apprécier à leur juste valeur ou démesure. La folie qui s'emparait parfois des invités n'avait rien à voir avec le *nitchevo* russe dont certains observateurs, amateurs de caricature, voulaient à tout prix reconnaître la survivance au sein des nôtres. Elle n'était que le fruit d'une insouciance à laquelle chacun a le droit de goûter et dont nous avions si longtemps été privés. Elle était aussi comme une manifestation de réaction aux horreurs vécues.

Nos soirées comme les bals annuels organisés salle Bullier au profit de la caisse de secours de l'Union des artistes russes faisaient le bonheur des chroniqueurs parisiens des années 30. Parfois romancés, souvent empreints d'une réelle affection, ces récits pouvaient aussi avoir l'allure de véritables études d'anthropologie. Joseph Kessel lui-même — né de parents russes — ne résista pas à la tentation de décrire, en forçant un peu le trait, quelques-unes de ces *Nuits de princes* parisiennes. Je préfère lui laisser ici la plume tant son regard correspond au monde rêvé d'une princesse en exil.

« C'est Pâques, Pâques, chantent les petits oiseaux dans les bosquets des Tuileries et du Luxembourg. C'est Pâques, Pâques, répètent les Russes de Paris.

« Le soir du Samedi Saint, dès onze heures, colonels de la Garde, cousins du tsar et maréchaux de noblesse accourent de tous côtés, des banlieues proches et lointaines, de Clamart et d'Asnières, de Versailles et de Chantilly, et se réunissent en foule compacte autour de l'église de la rue Daru, pour la messe de minuit célébrée en grande pompe par les prêtres et les archiprêtres, les popes et les archipopes et le Métropolitain lui-même, qui n'est pas, comme on pourrait le croire, un moyen de communication, mais un très haut dignitaire de l'Église orthodoxe. La messe terminée, après s'être embrassés trois fois sur la bouche et avoir éteint les cierges qu'ils tenaient à la main, les derniers des boyards, flanqués des derniers Américains d'Europe partent réveillonner à Montparnasse ou à Montmartre et fêter par de copieuses libations la résurrection du Christ.

« Cependant, la vraie nuit de princes, le souper qui

réunit, autour des œufs peints en rouge, du rituel fromage à la crème et des cochons de lait, les authentiques grands-ducs et les belles Slaves, ne déroule ses fastes ni chez Komiloff, ni au Poisson d'Or, ni même à Shéhérazade, mais dans une petite maison de Boulogne, parmi d'innombrables photos de monarques plus ou moins découronnés. Le buffet est somptueux, fantaisiste et hétéroclite : des saucisses apportées par un petit danseur voisinent avec une dinde truffée, don généreux de la Royal Dutch, par l'intermédiaire de lady Deterding, et le rouge ordinaire est mélangé dans des verres à dent et des gobelets de vermeil avec le plus précieux des Chambertin et le plus rare des Château-Lafite.

« Flanqué d'une escorte de Caucasiens fidèles, le maître de maison va de groupe en groupe, parlant aux uns, offrant à boire aux autres, aimable, distant et mystérieux, mais ne cessant jamais de jouer admirablement son rôle. Son fin visage s'illumine d'un sourire heureux quand Donna Vera Mazucchi verse de la vodka dans le piano, ou quand Serge Lifar fait des acrobaties, accroché à un lustre.

« Une jeune femme brune chante d'une voix cuivrée et un peu rauque une mélopée tzigane, reprise en chœur par quatre princesses, trois comtesses et deux baronnes. Se souvenant de son sang russe, Marie-Thérèse d'Uzès, première duchesse de France et petite-fille des Galitzine, donne le baiser pascal à un joueur de balalaïka. Les voisins rappellent à Leurs Altesses qu'il est cinq heures du matin et qu'il est grand temps d'aller se coucher et d'en finir avec les cérémonies moscovites. »

Plus sérieuses étaient les soirées organisées chaque année à Paris au cours de la Semaine russe. C'était à cette occasion que la princesse Nicolas de Grèce, née grande-duchesse Elena de Russie, invitait le Tout-Paris à l'Hôtel

Ritz pour participer au bal de charité dont les bénéfices étaient versés au comité de secours aux réfugiés russes. Ma sœur et moi étions chargées d'y vendre les programmes annonçant la prestation de Mme Kousneznoff, les balalaïkas de Tchernoyaroff et les danses de Boris Kniaseff et de Nadia Brussova.

La princesse avait hérité de sa mère, la grande-duchesse Maria-Pavlovna, un air de suprême distinction qui ne laissait pas d'éblouir ceux qui l'approchaient. Son dévouement était sincère et admirable même si, en privé, elle pouvait se montrer fort antipathique, voire mesquine et méchante.

Je me rendais aussi volontiers aux soirées russes qu'aux autres. Le fameux « Bal du Grand-Prix » qui clôturait la saison parisienne à l'Opéra était un de mes préférés. Présidé par la princesse Murat, il débutait toujours par un spectacle exceptionnel où se produisaient les plus grands artistes du moment. Le cadre était grandiose. Une année fut même reconstitué, sur la scène, le palais Borghèse. Une autre fois vit la femme du général Polovtsoff monter sur les planches et danser une valse au rythme du *Beau Danube bleu.*

Mais le plus grand gala de charité restait invariablement le Bal des petits lits blancs, organisé par Léon Bailby au bénéfice des œuvres de Mme Henri Lavedan. Plus qu'une simple fête, il s'agissait d'un authentique festival d'art et d'élégance. Personne n'imaginait le manquer, il représentait en quelque sorte le clou de l'année mondaine parisienne. Celui de l'année 1939, le dernier qui eut lieu à Paris avant d'émigrer sur la Côte d'Azur, fut spécialement inoubliable. Non seulement, j'y vis Mistinguett, Gaby Morlay et Serge Lifar, mais j'y gagnai cette année-là, grâce à la tombola, une magnifique robe du soir de chez Pierre Balmain !

Il y avait aussi un renouveau des bals costumés dont l'abondance n'était jamais source de lassitude. Ils différaient sensiblement selon le lieu où ils se déroulaient, le thème imposé et la personnalité des hôtes et de leurs invités. On ne venait là qu'avec pour unique objectif de s'amuser, sans crainte de s'enlaidir pour y parvenir. Quel bonheur !

Je me souviens plus particulièrement de l'un d'entre eux, dont une de mes amies était à l'origine. Elle avait souhaité que le bal illustrât les grâces de la mode du début du siècle. La soirée avait pris l'aspect d'un concours d'élégance 1900. C'était à celle qui porterait le plus beau chapeau à plumes, la plus originale robe de dentelle ou la perruque à haut chignon la plus surprenante. L'événement avait fait grand bruit car tous les invités étaient venus en voiture à cheval, provoquant d'insolubles troubles de circulation et d'importants attroupements de badauds amusés et conquis.

Moscou sur Seine et Pétersbourg de la Riviera, mêlant églises à bulbes, salons littéraires et folles soirées nous aidaient ainsi à nous souvenir que nous n'étions pas morts, et que, par-delà l'apparente pauvreté des jours, nous demeurions les gardiens et les gardiennes d'un monde d'autant plus précieux que secret, momentanément chassé de l'histoire mais en rien révolu — à tout le moins, tant que nous saurions le perpétuer.

Parmi les nombreuses figures de l'émigration russe se trouvaient plusieurs membres de la famille impériale. Quand je suis arrivée en France, on parlait encore de la grande-duchesse Maria Pavlovna, morte en 1920, mais dont la personnalité avait suffisamment marqué les esprits pour que son nom ne fût pas oublié. Elle était née duchesse de Mecklembourg-Schwerin. En 1874, elle avait épousé le grand-duc Wladimir Alexandrovitch, le frère préféré du tsar Alexandre III. Elle était la belle-sœur de la reine Wilhelmine des Pays-Bas qui s'était mariée à son demi-frère Henri en 1901. Par sa nièce la princesse Alexandrine, elle se trouvait aussi être la tante du roi Christian X du Danemark. Et, par son mari, bien sûr, la tante du tsar Nicolas II.

Le grand-duc Wladimir aimait profondément les arts et collectionnait lui-même tableaux et icônes anciennes. Peintre à ses heures, il avait une passion pour le ballet, et il fut le premier à financer et à applaudir Diaghilev. Après sa mort en 1909, la grande-duchesse avait témoigné d'un grand courage et avait montré des qualités exceptionnelles pour la politique. Poursuivant l'œuvre de son époux, elle avait multiplié les initiatives en faveur des arts. Son salon était un des plus réputés de Saint-Pétersbourg et les journaux de Paris, Milan et Vienne relataient avec délices les soirées qu'elle organisait.

Maria Pavlovna possédait une des plus extraordinaires collections de bijoux de l'empire. En valeur, sans doute la troisième après celles de l'impératrice mère et de la tsarine Alexandra Féodorovna. Elle parvint à en sauver une partie après la Révolution, notamment sa célèbre parure dont l'un des éléments était un collier de neuf magnifiques émeraudes. La plus grosse, de forme hexagonale, pesait cent carats. Un ami de sa famille, un dénommé Stoffy, avait réussi à faire sortir à temps de Russie la parure qu'elle vendit un peu avant sa mort à la maison

Cartier. En 1936, Barbara Hutton l'acquit pour un million de dollars.

Lorsque la Révolution éclata, la grande-duchesse s'installa avec ses fils André et Boris à Anapa, dans une ancienne forteresse située à une trentaine de kilomètres de l'embouchure du Kouban, sur le bord oriental de la mer Noire. De là, elle parvint à embarquer à bord d'un paquebot italien, le *Semiramisa*, et à rejoindre ensuite la France. Très marquée par le massacre de la famille impériale au cours duquel périt son beau-frère, le grand-duc Paul, elle s'éteignit moins d'un an après son arrivée. Elle avait soixante-six ans. Elle fut inhumée dans une petite chapelle bâtie à sa demande avant la guerre à Contrexéville où elle se rendait fréquemment en cure, et où son fils, le grand-duc Boris Wladimirovitch, serait également enterré en 1943. Reconnaissante, la municipalité fit baptiser une de ses rues de son nom et fit poser une plaque à sa mémoire au-dessus de la chambre de l'hôtel « La Souveraine » où elle avait l'habitude de descendre. Une plaque que les Allemands feraient arracher sous l'Occupation.

Autre personnalité marquante, le grand-duc André Wladimirovitch, propriétaire d'une splendide villa à Antibes, chemin de l'Ermitage, vivait à Paris dans un hôtel particulier, 10, villa Molitor. Il était l'historien et le juriste attitré de la famille. Bien qu'il vécût avec la femme de sa vie depuis de nombreuses années — leur fils Wladimir était d'ailleurs déjà un homme —, il n'épousa Mathilde Kschessinka qu'en 1921. Première ballerine du théâtre impérial Marinsky (rebaptisé Kirov par les communistes), elle était une gloire vivante. Issue d'une famille de danseurs, dont ses parents, mais aussi son frère Joseph et sa sœur Julie, elle avait commencé sa carrière en 1885. À elle seule, elle possédait la virtuosité italienne, l'élégance française et le charme slave. Danseuse d'exception — peut-être la plus grande que le ballet russe ait connue —, elle était aussi une formidable actrice, capable de jouer à la perfection n'importe quel rôle. Son interprétation inouïe d'esprit et de drôlerie de Lise dans *La Fille mal gardée*, sur une musique de Hertel, lui avait valu le surnom amical de « Lise a une idée derrière la tête ». Quant à sa prestation de la fée Dragée dans *Casse-Noisette*, elle marqua à tel point les esprits de son temps que Tchaïkovski en personne envisagea de créer un ballet en hommage à son talent. Seule sa mort prématurée l'empêcha de mener à bien son projet.

En privé, Mathilde était une femme exquise aux qualités de savoir-vivre et d'élégance jamais mises en défaut. Elle appréciait les belles soirées et les jeux de cartes où elle ne se départait jamais de son excellente humeur, quel que fût le sort que lui réservât la partie. Elle était un mélange de douceur fragile et de volonté pugnace qui faisait penser au personnage de *Nadia* d'André Breton : « L'eau et le feu, c'est la même chose. » En 1926, elle créa une école de danse au 6, avenue Vion-Whitcomb. Ma fille Hélène y ferait plus tard ses premiers pas de danse.

Avant de partager sa vie avec André Wladimirovitch, Mathilde avait fait tourner quelques têtes princières. Le grand-duc Serge Mikhaïlovitch, au début de sa carrière, et surtout le tsarévitch Nicolas au début des années 1890. Le tsar et la tsarine s'arrangèrent d'abord de cette liaison. Leur fils avait émis, pour souhait officiel d'épouser Alix de Hesse-Darmstadt, petite-fille préférée de la reine Victoria et cousine germaine du roi de Prusse, ce qui ne leur plaisait guère. Ils auraient préféré voir le futur Nicolas II convoler avec Hélène d'Orléans, fille du comte de Paris et donc descendante de Louis-Philippe. Mais en fin de compte, le couple impérial se ravisa. Mieux valait une princesse de second rang — et encore, Alexandre II n'avait-il pas lui aussi convolé avec une Hesse-Darmstadt ? — qu'une danseuse de ballet, après tout ! Sommé de mettre fin à son idylle avec Mathilde, Nicolas s'exécuta. Non sans envoyer, la veille de ses fiançailles avec Alix — qui serait rebaptisée Alexandra —, une lettre émue à son amie de cœur : « Quoi qu'il advienne dans ma vie, les journées passées près de toi resteront à jamais le plus radieux souvenir de ma jeunesse. »

Et c'était bien l'incarnation de tout cela, la chère Mathilde, à nos yeux émerveillés de jeunes filles : la grâce de la danse comme celle des sentiments.

Comment oublier, enfin, la princesse Marie Poutiatine, née grande-duchesse Maria Pavlovna (jeune) de Russie ? Fille du grand-duc Paul et de la princesse Alexandra de Grèce, elle avait épousé en premières noces le prince Guillaume de Suède. Mariage malheureux. Après la Révolution, elle se réfugia à Paris où elle fit une rencontre qui changea sa vie, celle avec Coco Chanel.

La petite Gabrielle Chanel, née le 19 août 1883 à Saumur en pleine fête du carrousel — sûrement pas un hasard... — se voit confiée, après la mort de ses parents, à l'âge de douze ans à l'orphelinat de Brive où elle reçoit une éducation sévère. À vingt ans, elle entre dans une maison de Moulins spécialisée en layettes et en toile de mercerie. Mais la cousette de la rue de l'Horloge a d'autres ambitions. Mettant à profit son talent de chanteuse, elle participe à quelques spectacles où elle interprète les deux seules chansons qu'elle connaisse : *Ko Ko Ri Ko* et surtout

Qui qu'a vu Coco ?, complainte grâce à laquelle elle se forge un surnom qui ne la quittera plus.

Encouragée par son petit succès local, elle rejoint Paris où son amant, Étienne Balsan, lui fait goûter tous les délices de la Belle Époque. Elle y rencontre un homme dont l'amitié ne se démentira jamais : Paul Morand. « Gabrielle est de cette promotion de filles en cotillon et souliers plats dont parle Marivaux, qui vont affronter les dangers de la ville et en triompher, avec ce solide appétit de vengeance qui amorce les révolutions », dira d'elle l'écrivain.

En 1910, son nouvel amant, Arthur Capel, dit Boy, un richissime dandy anglais, lui avance des fonds pour ouvrir une boutique de lingerie, rue Cambon. Chanel n'est ni une couturière professionnelle ni une créatrice de formation, mais elle possède un goût très sûr et un sens inné des affaires. En quelques mois, elle devient une des modistes les plus réputées de la capitale. En 1914, elle vend des chapeaux, des blouses, des vestes et des marinières ; elle lance le jersey, la jupe mi-longue, la redingote décintrée, le béret basque et le chandail d'homme pour dames. Elle porte les cheveux courts et a le teint hâlé. C'est bien la révolution dont parle Paul Morand.

Mais surtout, révolution pour révolution, et question d'âme, après s'être lancée dans la haute couture, Coco Chanel découvre la Russie à travers la vague d'émigrés chassés par 1917. Stravinski s'éprend d'elle et lui offre une icône russe dont elle ne se séparera jamais. Elle fréquente Diaghilev qui monte *Le Train bleu* de Cocteau dont la chorégraphie est supervisée par la sœur de Nijinski. Elle accueille chez elle le baron balte von Retem et le comte Koutousov, ancien gouverneur de Crimée et descendant du général vainqueur de Napoléon. Elle « russifie » ses créations en proposant des vareuses en *kasha* kaki, des jupes boutonnées sur le côté et ornées d'une simple ceinture de cuir brun et des *roubachkas*, ces longues blouses que portaient les *moujiks*. Elle va jusqu'à engager de jeunes aristocrates russes pour présenter ces collections. Quelques années plus tard, elle lancera même un parfum baptisé Cuir de Russie. Enfin, elle séduit le grand-duc Dimitri Pavlovitch, cousin germain de Nicolas II, qui lui présente un jour sa sœur Maria Pavlovna.

Coco et elle s'entendirent à merveille. Sur le conseil de sa nouvelle amie, la princesse Poutiatine ouvrit avenue Montaigne une maison de haute couture, Kitmir, spécialisée dans les tissus brodés. Combien les jeunes filles russes aimaient s'y retrouver, pour y discuter chiffons, actualités et histoires de cœur ! L'affaire ne fit malheureusement pas long feu mais Maria avait trouvé là un moyen de recouvrer pendant quelques années une parcelle d'un prestige dont la Révolution l'avait privée.

Elle aussi.

7

Un mariage américain

Je devais rester presque deux années à Nice. À gratter un peu le délicieux vernis des grandes soirées, je revois surtout les conditions difficiles dans lesquelles je dus vivre. Nous n'avions guère d'argent et profitions de la gentillesse de nos amis qui souvent nous invitaient, maman, ma sœur et moi, à Cannes notamment. Parmi les choses qui ne manquaient le plus étaient les livres. Jusqu'au jour où je fis la rencontre de deux vieilles sœurs propriétaires d'une librairie devant laquelle je m'arrêtais très souvent et où j'entrais parfois lorsque je pouvais m'offrir un ouvrage. Elles se plaignaient fréquemment des commandes certes spéciales que leur passaient les hôtels du voisinage dont les clients ne paraissaient apprécier que la littérature vulgairement osée.

Un jour, l'une d'elles me demanda pourquoi une jeune fille comme moi qui semblait tant aimer les livres n'en achetait pas plus. Je lui répondis sans honte que, issue d'une famille aristocratique géorgienne exilée et spoliée par les communistes, je n'en avais pas les moyens. Elle me proposa alors un marché amical. Chaque semaine je pourrais emporter à la maison deux livres à condition que je réponde toujours aux questions qu'elle et sa sœur me poseraient sur leur contenu. J'acceptai, enchantée. C'est ainsi que je pus me délecter pendant des mois de lectures passionnantes et me familiariser presque parfaitement avec la langue française.

En vertu de notre accord, elles choisissaient les livres à mon intention. Il s'agissait toujours d'ouvrages historiques ou de biographies, jamais de romans. Quand je revenais au magasin pour les rapporter, nous nous asseyions devant une tasse de thé et quelques friandises et je leur contais en détail le contenu des ouvrages empruntés. Elles pouvaient ainsi les conseiller ou non à leurs clients avec une relative assurance. Jusqu'à mon dernier souffle, je resterai reconnaissante à ces deux femmes de leur générosité.

Malgré mes lectures, ma maîtrise du français n'était pas totale, ce qui donnait parfois lieu à quelques cocasseries. Un jour où maman était tombée malade, je me rendis dans une pharmacie, en compagnie de ma sœur, pour lui acheter des médicaments. « Prenez-moi des rigolettos contre la toux », nous avait-elle demandé. En chemin, j'oubliai le nom donné par maman et proposai un « donnez-moi, s'il vous plaît, deux paquets de gigolos » qui plongea le pharmacien dans un étonnement amusé. « Ne vous trouvez-vous pas encore un peu jeune pour cela ? » me rétorqua-t-il avec ironie avant de dissiper le malentendu linguistique.

L'âge aidant, ma sœur et moi commencions à acquérir un peu d'indépendance, à l'instar de notre frère qui s'était déjà installé à Grenoble pour terminer ses études. Si ma sœur rêvait encore d'un jeune homme qu'elle avait rencontré en Géorgie avant notre départ, je ne restais pas insensible aux charmes des hommes que je croisais à Nice. En particulier à celui de Sumner Moore Kirby.

Depuis notre première rencontre chez ma tante,

j'avais discrètement recueilli quelques informations à son sujet.

Kirby était un nom à la consonance mystérieuse. Il était sans doute dérivé du danois *kirkby, kirke* signifiant l'église et *bye* la demeure. On trouve trace de familles Kirkby (que l'on prononçait « kirby », d'où son orthographe ultérieure) dès le Haut-Moyen Âge dans la région de Deira, qui appartenait au royaume de Northumbrie, au nord-est de l'Angleterre. Des envahisseurs danois des IXe-Xe siècles avaient dû rester dans la région. On trouve aussi un Ivo Tallebois, premier baron Kirkby, compagnon de Guillaume le Conquérant.

Les Kirby essaimèrent ensuite dans tout le pays. Parmi eux, de nombreux évêques. D'autres tentèrent l'aventure et gagnèrent l'Amérique aux XVIIIe et XIXe siècles. Ce fut le cas de John Kirby qui arriva en Nouvelle-Angleterre en 1816. Marié à Mary Price, issue d'une vieille famille galloise récemment émigrée, il eut sept enfants. Son fils aîné, William, choisit très jeune de s'embarquer sur un bateau pour rejoindre la côte Ouest des États-Unis et devenir chercheur d'or. Il doubla sans dommage le mythique cap Horn et atteignit San Francisco au bout de cent quatre-vingt-quinze jours. Sa vie se résuma alors, pendant six ans, à une succession de fortunes éphémères et d'infortunes à peine plus durables. Puis il quitta les décors de western et vint finir sa vie paisiblement à New York.

Un de ses fils, Fred Morgan, un sportif amoureux de la nature, devint un richissime homme d'affaires après avoir fondé la première chaîne de grands magasins Woolworth. Il était aussi doté d'un profond sens patriotique. Ayant acheté un yacht, le *Suzanne*, il n'hésita pas à le mettre gratuitement à la disposition de l'armée, après l'entrée en guerre de l'Amérique en 1917. Le convivial *Suzanne* fut transformé en un redoutable navire baptisé *S.P. 510*. Marié à Jessie Amelia Owen, il eut deux enfants : le dernier, né le 5 septembre 1895, fut prénommé Sumner Moore.

Après de longues études universitaires, Sumner Moore s'engagea, comme son frère, dans l'US Navy pendant la Première Guerre mondiale. Puis il se maria et devint père d'une petite Gloria en 1927.

Lors de notre première rencontre, il attendait l'annonce officielle de son divorce afin de pouvoir épouser une Russe, Mlle Wagner. Quand je le revis quelque temps plus tard, il venait de divorcer de sa deuxième femme. Leur mariage avait duré quatre mois !

Notre différence d'âge, vingt ans, ne me dérangeait pas plus que son esprit fantasque dont je ne voyais alors que les bons côtés. Nous sortions ensemble presque tous les soirs. Au théâtre, au cinéma, dans les bals. Parfois il m'emmenait en promenade à cheval ou en voiture. Il était d'un tempérament très généreux, bon vivant, et d'une excellente éducation.

Au cours de l'année 1934, maman, Maria, mon frère et moi nous sommes installés pendant quelque temps à Paris dans un petit appartement proche de la rue de l'Université, au cœur du septième arrondissement, et je perdis de vue Sumner Moore. Lui continuait à prendre de mes nouvelles auprès de ma tante restée à Nice. Ce fut ainsi qu'il apprit que je devais partir me reposer chez des amis en Corse après une maladie. Aussitôt, il nous proposa de venir passer une semaine chez lui avant de rejoindre l'île de Beauté. Mais lui-même eut à se rendre, sans délai et pour affaires, en Pologne d'où il m'envoya un télégramme dès son arrivée. Ayant évoqué mon nom devant le concierge de l'hôtel où il résidait, celui-ci lui avait demandé s'il s'agissait des Zlotniki de Zlotnicki, famille très connue et qui comptait parmi ses meilleurs clients. Le lendemain, peut-être impressionné par les propos du concierge, il me télégraphiait qu'il arrivait en Corse pour me rendre visite !

Bel homme, attentionné pour toute ma famille depuis notre arrivée, désormais ami proche de mon frère, il n'y avait guère de raisons pour que je me dérobe à ses avances. De retour sur le continent, il attendit quelques semaines avant de me demander en mariage.

J'acceptai.

Notre mariage civil eut lieu le 6 novembre 1934. Au consulat américain et à la mairie de Nice. J'épousai en quelque sorte deux fois le même homme. En revanche, il n'y eut pas de cérémonie religieuse, car j'avais refusé d'abandonner ma foi orthodoxe pour me convertir au protestantisme. Nous convînmes que nos enfants seraient élevés dans la religion de leur mère.

Quant à ma propre mère, je lui savais gré de ne pas s'être opposée à cette union qui dérogeait aux principes aristocratiques. Bien plus qu'une acceptation de notre sort d'exilés, son consentement tint certainement à ses propres convictions, tirées de son expérience, selon lesquelles aucun mariage de raison ne pouvait remplacer la force des sentiments.

Nous habitions la villa Montebello dont mon mari

était propriétaire depuis vingt ans. Le terme villa désignait à l'époque un domaine composé de plusieurs habitations plutôt qu'une maison seule. De fait, il y avait, outre la bâtisse principale, une petite maison en pierre de taille à gauche de l'entrée où vivaient le gardien et son épouse, des écuries au-dessus desquelles habitaient nos deux palefreniers et une autre demeure où étaient logés les jardiniers avec leurs familles.

Bâtie vers 1880 pour des princes russes, la villa Montebello était entourée d'un magnifique parc. On y trouvait un verger assez généreux et une vigne dont les raisins faisaient le bonheur de nos fins de repas. J'y fis ajouter une sorte de piscine pour que nos chevaux puissent se baigner les jours de grande chaleur.

L'intérieur de la maison, s'il n'était pas toujours d'un goût très sûr, était confortable. Sumner s'en était lui-même occupé. La plupart des meubles étaient de style anglais. Au rez-de-chaussée se trouvait un grand salon par lequel on accédait à la salle à manger. Au premier étage, huit chambres dont cinq réservées aux invités possédaient chacune leur propre salle de bains. À côté de ma chambre, un petit salon et une pièce où serait installée plus tard notre fille Hélène. Puis la chambre et le bureau de mon mari.

Je retrouvais dans cette maison l'atmosphère de nos demeures géorgiennes. Et puis, il y avait nos six chevaux. L'un d'entre eux m'était plus particulièrement attaché. Il était gris et blanc et s'appelait Boby. Entre lui et moi existait une incroyable complicité. Un après-midi où j'étais montée m'allonger dans ma chambre, j'ai soudain entendu frapper à la porte. Je me suis levée et quelle ne fut pas ma surprise de me retrouver nez à nez avec mon Boby ! C'était inouï. Non seulement, il était parvenu à monter seul l'escalier mais encore à trouver du premier coup laquelle des huit chambres de l'étage était la mienne. Passé le temps de l'étonnement, il fallut le faire descendre, ce qui se révéla mission impossible. Nous dûmes faire appel à un menuisier pour poser sur les marches des planches de bois afin que le cheval pût regagner son écurie sans risque.

Un autre haut fait de Boby ? Le maire de Nice m'avait demandé de lui prêter nos chevaux pour la parade organisée à l'occasion de la fête des fleurs de la ville. Quand le jour arriva, j'avais complètement oublié que je lui avais donné mon accord et nous nous promenions tranquillement en voiture lorsque j'aperçus entre deux chars un superbe cheval gris coiffé d'un chapeau en paille recouvert de fleurs. Je le trouvai splendide. Et pour cause : c'était Boby. Quand il se rendit compte de ma présence, il quitta le cortège sans crier gare et vint se placer à côté de moi. Malgré tous nos efforts, il fut impossible de lui faire reprendre sa place. Ce cheval m'aimait à la folie, décidément !

Sumner, lui, n'appréciait guère la compagnie des animaux qui le lui rendaient bien. Ils s'enfuyaient dès qu'il s'approchait d'eux. Nous le comprîmes assez vite. Quand nous rentrions à la villa sans prévenir, nous trouvions toujours les domestiques prêts à nous accueillir en haut du perron. Au bout d'un certain temps, intrigué, mon mari leur demanda comment ils devinaient chaque fois l'imminence de notre arrivée. « Mais Monsieur, c'est très simple. Dès que vous approchez de la maison, Tigre quitte le fauteuil de votre bureau dans lequel il s'est confortablement installé en votre absence et part se réfugier dans la cave ! » Tigre était un olnois allemand que j'avais surnommé ainsi car sa tête ressemblait à celle du terrible félin. Il était très intelligent. Il parvenait à délivrer un de ses compagnons que nous attachions pour l'empêcher de fouiner dans les écuries et à le promener dans le parc, sa laisse dans la gueule, avant de le ramener à l'emplacement où il l'avait libéré. Exactement comme l'aurait fait un être humain avec un chien !

J'avais tout pour être heureuse. Nos fréquentes sorties à cheval me ravissaient et notre existence mondaine me plaisait énormément. Pourtant, je finis par comprendre que le bonheur n'était pas là, dans cette vie partagée avec Sumner Moore Kirby. Peu à peu, ses excentricités et ses humeurs commencèrent à m'agacer. Je crois être ce qu'on appelle une femme de caractère. Certaines de ses lubies et sa volonté de régenter ma vie, mes rencontres et mes loisirs me devinrent vite insupportables. Par exemple, lorsque le cours du dollar baissait, il diminuait les pourboires. Quand il remontait, sa générosité n'avait plus de bornes. C'était un peu grotesque. Tout comme l'était sa technique de lecture : de chaque livre (il se faisait livrer des valises entières de romans policiers), il ne voulait connaître que les premières et les dernières pages ! Alors que lui-même se plaisait à écrire des romans !

Il refusait que j'apprenne l'anglais parce qu'il estimait qu'une femme n'avait besoin de parler qu'une seule langue. Il m'interdisait de me rendre à la plage sans son autorisation. Lorsque je l'obtenais, il exigeait que je porte deux jupes afin d'éviter que l'on puisse voir ma peau à travers mes vêtements. Pendant les soirées, il m'empêchait de danser avec qui que ce soit, même avec mon frère — tandis que lui, bien sûr, se laissait volontiers approcher par les nombreuses demoiselles que lui et ses milliards attiraient immanquablement. Au fond, je n'avais pas le droit de faire grand-chose.

Même de plaisanter.

Un jour, il me donna un cahier afin que je consigne tous mes achats pour évaluer combien je dépensais chaque semaine. Comme je ne me rappelais pas combien j'avais payé certaines choses, je m'étais amusée à remplacer certains achats par d'autres que j'aurais aimé effectuer : un vison, des diamants, des chaussures, une robe, etc. Quand il découvrit ma facétie, il en fut tellement vexé qu'il remit le cahier à ma gouvernante afin qu'elle se charge désormais de faire nos comptes.

Malgré la naissance de notre fille Hélène quelques mois après notre mariage, je me mis à considérer qu'il fallait que cette situation cesse. Puis, je pris ma décision. Nécessairement pénible, douloureuse. Et ce, d'autant plus pour une femme, mère de surcroît. Le divorce par ailleurs n'était guère à la mode à l'époque. Mais, voilà, j'avais aimé un homme que je n'aimais plus et une princesse géorgienne, dans l'ordre des sentiments, ne saurait vivre dans le mensonge. Sumner lui-même admit que j'avais raison. Nous nous entendîmes sur le dos de nos avocats respectifs qui se disputaient à longueur de temps, les écartant d'un commun accord et nous arrangeant de tout ensemble. Le divorce fut prononcé le 18 novembre 1937 par le tribunal de Nice aux torts exclusifs de mon mari.

À peine étions-nous séparés que cet indécrottable original entreprit de me convaincre de l'épouser à nouveau. J'acceptai à deux conditions qui, je le savais, sauraient calmer ses ardeurs. Premièrement qu'il me donne de l'argent sans aucun droit de regard sur mes dépenses. Deuxièmement que la petite reste tout le temps avec moi si nous divorcions à nouveau. Il refusa et je partis à Londres. De Nice, il m'envoyait chaque jour un bouquet de fleurs avec un mot où il continuait à demander ma main.

Ce séjour londonien tourna à la farce. Un millionnaire anglais que j'avais rencontré là-bas me faisait lui aussi une cour insistante. En témoignage de son affection, il faisait porter chaque jour des fleurs à mon hôtel. Résultat, au bout de quelques jours, ma chambre était devenue un véritable magasin de fleuriste où s'entassaient les bouquets de mon ex-mari et ceux de mon soupirant local. Je ne pouvais plus bouger et résolus de rentrer à Paris.

Nous avions décidé qu'Hélène verrait son père trois mois par an. Mais la petite refusait de dormir chez lui. Je descendais donc avec elle et m'installais dans un hôtel où Sumner me la ramenait chaque soir. Le problème fut qu'elle supportait mal même les journées avec lui. Elle pleurait tout le temps quand je n'étais plus près d'elle. J'inventai un stratagème pour mettre un terme à ces scènes difficiles. Afin d'éviter les crises de larmes d'Hélène quand elle me quittait, je suggérai à Sumner qu'il vienne plutôt voir sa fille à l'hôtel. Elle aurait ainsi l'impression de ne pas s'éloigner de moi, même si je les laissais tous les deux. En fait, je me cachais sous la table avec un livre. Son père se croyait seul avec l'enfant et elle ne pleurait plus car elle me savait toute proche. Ce qu'il ne faut pas faire pour rendre heureux ses enfants !

Au fil des ans, je m'aperçus que Sumner n'était pas un père très attentif pour Hélène. J'en fus déçue mais non étonnée. Pour chaque fête de Noël, par exemple, il lui offrait systématiquement le même cadeau : un train. Un train pour une petite fille ! La vérité était qu'il ne savait absolument pas comment se comporter avec les enfants.

Juste avant la guerre, il me téléphona pour m'inviter à dîner. Il avait, disait-il, à m'entretenir d'une chose très importante. Une chose très importante ? Me proposer de me remarier avec lui, voyons ! J'ai encore une fois — la troisième, la dixième, la vingtième ? — poliment refusé.

Quel délicieux entêté !

Ce fut au cours de ces années que ma famille connut un curieux chassé-croisé : tandis que mon père nous rejoignait, ma sœur s'en retournait pour le pays de Staline.

Un jour, je découvris dans un journal que la Russie soviétique manquait à tel point d'argent — preuve, s'il en était besoin, de son cuisant échec économique — que le gouvernement, dans un geste fort peu socialiste, autorisait désormais les camarades-candidats au départ à quitter le pays moyennant 12 000 $ par personne. Aussitôt, je montrai l'article à mon mari qui ne fit aucune difficulté pour me donner la somme exigée et faire libérer mon père. Depuis notre départ, il était resté à Tiflis où il avait emménagé chez un docteur de ses amis. Notre maison et nos derniers biens ayant été intégralement confisqués par l'État, c'était là son seul moyen de ne pas vivre comme un vulgaire vagabond sans toit ni attaches, tel un *bossiak*, cette race de va-nu-pieds errant de ville en ville et dont Gorki, toujours lui, avait signalé les caractéristiques dans *Les Deux Clochards* : « Le *bossiak* est un être intelligent figurant parmi les mi-hommes, mi-bêtes, nus, méchants, affamés, bridés par le destin, qui remplissent les sales taudis des villes... Cette variété d'hommes dignes d'attention qui, loin d'être stupides, nourrissent certaines aspirations, il convient de la considérer comme une classe. » Cette description datait des années 1890 mais ni la Révolution, ni vingt ans de socialisme d'État n'avaient réussi à faire disparaître cette « classe » de malheureux. Mieux, ils n'avaient fait que l'accroître.

L'affaire fut menée prestement. Le dollar était un sésame, même au paradis soviétique. De *bossiak* potentiel, mon père se retrouva émigré confirmé. En exil, certes, mais libre.

Alors même que mon père arrivait en France, ma sœur Maria nous quittait pour retourner en Russie. Comme je l'ai déjà dit, elle était partie en laissant en Géorgie un amour de jeunesse qu'elle n'était jamais parvenue à chasser de sa mémoire. Même à l'école des Beaux-Arts de Paris où je lui avais conseillé de terminer ses études après avoir constaté ses dons pour le dessin, l'image de son fiancé ne l'avait pas quittée. Celui-ci avait été déporté en Sibérie mais il venait d'être gracié. Dans une lettre qu'il avait réussi, Dieu savait comment, à lui envoyer depuis qu'il avait recouvré la liberté, il la suppliait de venir le rejoindre. Malgré les avertissements de toute la famille et l'interdiction formelle de maman, Maria s'enfuit pour l'épouser à Moscou.

La belle histoire tourna vite à la tragédie. Le garçon, entre-temps, en avait épousé une autre. Après avoir bravé l'avis de sa famille et abandonné une vie de femme libre dans un pays libre, elle se retrouvait la victime humiliée d'un mauvais vaudeville dans la plus grande prison du monde. Mais les malheurs de Maria ne s'arrêtèrent pas là. Avant, finalement, de se marier à un homme originaire de Bakou, dont la famille avait fait fortune dans le pétrole avant 1917, elle fut envoyée dans un de ces bagnes sibériens où le « travail » consistait à ramasser quotidiennement des pommes de terre par -45°. Elle y resta neuf ans ! Neuf ans pendant lesquels nous ne reçûmes aucune nouvelle d'elle. Neuf ans pendant lesquels il nous fallut nous convaincre que notre douce et tendre Maria n'était pas morte de froid, de faim ou de fatigue comme des millions de ses compagnes d'infortune.

Elle fut finalement libérée après la Seconde Guerre mondiale. J'étais alors mariée avec le grand-duc Wladimir. L'ayant appris, elle alla trouver les communistes et leur avoua qu'elle était désormais la belle-sœur de l'héritier du trône impérial — eux-mêmes le savaient déjà, bien entendu. Pour autant, ils ne lui en tinrent pas grief et la laissèrent tranquille. Elle put même, dans les années suivantes, et en vertu de quelque manœuvre diplomatique, aussi paradoxale que hautement surveillée, venir nous voir.

Après avoir quitté mon mari américain, je m'étais installée avec Hélène dans une villa Nina à Cannes, rue de Russie, près de l'église. Mon père et ma mère vinrent vivre avec nous et mon frère nous assura qu'il passerait le plus fréquemment possible nous rendre visite — il tint promesse.

Maman était par principe contre le divorce mais elle s'était abstenue de tout commentaire sur le mien. Comme mère, comme femme, elle comprenait ma décision. Même si elle n'avait jamais connu personnellement la situation qui avait été la mienne avec Sumner, elle pouvait appréhender les difficultés que j'avais traversées pendant deux ans.

En contrepartie de leur présence à mes côtés et de leur aide pour élever ma fille, je dus me débrouiller afin qu'ils n'aient pas à travailler pour subvenir à leurs besoins.

Un bien pour un mal ; la certitude que nos parents ne manqueraient de rien avait été décisive dans le choix de Maria de rentrer en Russie. Si elle avait senti que sa présence et ses moyens financiers eussent été nécessaires à leur bien-être, elle serait restée en France. Aurais-je dû m'en vouloir ?

À Cannes comme à Nice, une nombreuse colonie russe s'était formée après la Révolution. Beaucoup de ses membres fréquentaient l'église Saint-Michel-Archange qui appartenait à l'Église orthodoxe russe « hors frontières » après que son desservant, l'archiprêtre Grégoire Ostrooumov, eut rompu avec le métropolite Euloge lequel avait alors fait ouvrir une seconde église à Cannes-la-Bocca, Saint-Tikhon. Dans la crypte étaient enterrés d'illustres personnages, le grand-duc Nicolas Nicolaïevitch de Russie, commandant en chef de l'armée impériale en 1914-1915 et vice-roi du Caucase en 1915-1917 ; son épouse la grande-duchesse Anastasie Nicolaïevna, fille du roi Nicolas Ier de Monténégro ; le grand-duc Pierre Nicolaïevitch de Russie, frère du grand-duc Nicolas et aide de camp de Nicolas II pendant la guerre.

Dans ce sanctuaire, qui abritait les reliques des saints Alexis, Séraphin de Sarov, Siméon de Verkhotourski, et Jean de Cronstadt avait aussi eu lieu, en 1921, le mariage « secret » du grand-duc André Wladimirovitch et de la danseuse Kchessinskaïa. Et, l'année suivante, la cérémonie d'obsèques de la grande-duchesse Anastasie Mikhaïlovna de Russie, petite-fille de Nicolas Ier. Un quart de siècle plus tôt, elle avait organisé dans sa villa cannoise une fête somptueuse pour célébrer le mariage de sa fille avec Christian X de Danemark, le futur roi.

Tout l'alentour me ramenait ainsi à mes racines et

annonçait, surtout, un avenir dont je ne pouvais alors rien soupçonner.

Ma vie entre 1937 et 1939 se partageait entre Cannes — où Olga Khoklova, ex-danseuse des Ballets russes de Diaghilev, venait de se séparer de son mari Pablo Picasso — et Paris où je me rendais régulièrement. J'eus, de la sorte, à croiser de grandes figures mondaines de l'époque. Anna Gould en faisait partie. De petite taille et plutôt maigre, elle avait un visage dont la pâleur faisait ressortir la noirceur de ses yeux. De là à la trouver laide, il n'y avait qu'un pas que beaucoup franchissaient. Je dirais plutôt qu'elle n'était guère féminine. En raison de son apparence physique mais aussi à cause de ses manières brusques et de son caractère autoritaire. Le plus agaçant, chez elle, était sa manie d'évoquer en permanence son pays natal et de ne voir le monde qu'à l'aune de sa vaste et chère Amérique.

Anna Gould avait épousé en premières noces le comte Boni de Castellane, héritier d'une des plus prestigieuses familles de la noblesse de France. Il était alors l'incarnation par excellence de l'élégance et du bon goût. Le roi de la mode incontesté. Tout le monde connaissait ce somptueux palais de marbre rose qu'il avait fait construire en plein Paris sur le modèle du Grand Trianon de Versailles. Le souvenir de ses soirées avait duré bien au-delà de sa mort soudaine en 1932. Anna Gould — elle-même très fortunée mais très critique à l'égard des dépenses somptuaires de son mari — avait eu deux enfants de lui avant de s'en séparer et d'épouser le cousin du comte, Hélie de Talleyrand.

Oui, en ces années-là, aristocrates russes en exil, nobles français, riches Américains, artistes espagnols ou italiens vivaient tous, dans une communauté mêlée, à un rythme trépidant, comme l'on danse sur un volcan.

Pendant ce temps, à quelques centaines de kilomètres de là, à Berlin, et à Moscou, les signes annonçant que le temps de la fête touchait bientôt à sa fin se multipliaient.

8

Guerre et paix

Je ne m'intéressais pas de très près à la politique, encore moins à celle d'autres pays que la Russie et la France, mais je n'étais ni sourde ni aveugle. Néanmoins, le fracas de la guerre civile espagnole ne m'avait guère atteinte jusqu'au jour où je rencontrai Alphonse XIII.

En 1931, après les sept années de dictature du général Primo de Rivera, de simples élections municipales remportées par l'opposition républicaine avaient provoqué des manifestations houleuses contre la monarchie espagnole. Soucieux de ne pas faire verser inutilement le sang de ses compatriotes, Alphonse XIII avait préféré quitter le pays mais sans abdiquer. Ce geste devait d'ailleurs permettre, près d'un demi-siècle plus tard, une « restauration légale » de la monarchie. La république avait été proclamée mais elle se montra incapable de calmer les esprits. L'avènement du *Frente popular* en 1936 donna lieu à des scènes de violence dont les religieux furent les premières victimes. En juillet 1936, l'assassinat du monarchiste Calvo Sotelo par des gardes d'assaut, la police politique de gauche, provoqua le soulèvement d'une partie de l'armée, prélude à une guerre civile de trois longues années.

Depuis son départ de Madrid, Alphonse XIII vivait en Suisse, au bord du lac Léman. La reine Victoria-Eugénie aussi, mais sur une autre rive, à Lausanne. Née princesse de Battenberg, elle était petite-fille de la reine Victoria. Elle avait épousé Alphonse XIII en 1906 au cours d'une cérémonie marquée par un terrible attentat qui avait blessé plus d'une centaine de personnes. Séparée de son mari, elle avait élu domicile à la Villa Vieille Fontaine, dans cette partie de la Suisse baptisée « terre des exilés », là où avaient vécu Mme de Staël, Mme Récamier et Benjamin Constant.

Si je ne fis la connaissance de la reine d'Espagne qu'après mon second mariage, ma première rencontre avec Alphonse XIII eut lieu avant la Seconde Guerre mondiale. Elle eut pour cadre une de ces soirées mondaines organisées par l'épouse d'origine russe d'un grand journaliste américain. Le roi venait souvent passer quelques jours sur la Côte d'Azur et il s'était présenté, ce soir-là, au bras de sa maîtresse. Un cocktail avait été préparé spécialement en son honneur.

Au cours de la soirée, un homme s'approcha de sa maîtresse dont il ignorait le statut et, me désignant du regard, lui demanda si je n'étais pas la nouvelle amie du roi. Celui-ci ayant la réputation d'un homme couvert de femmes, elle crut à une maladresse révélatrice de son interlocuteur et entra dans une colère noire. Tout le monde eut soudain les yeux braqués sur elle et moi jusqu'au moment où elle sortit de la pièce avec fracas. Informé des raisons de l'emportement de sa maîtresse, le roi se dirigea vers moi pour me présenter ses hommages et ses excuses eu égard à l'embarrassante situation dans laquelle je venais d'être mise et, l'expression n'était pas de trop, à mon corps défendant. Puis il ajouta, en plaisantant : « Dès lors tout le monde vous a désignée comme l'une de mes connaissances, serait-ce abuser des circonstances que de vous demander de me tenir compagnie pour le reste de la soirée ? »

Après cette prise de contact peu banale, il nous arriva de nous croiser à de nombreuses reprises au théâtre, au casino ou dans des bals. Alphonse ne manquait jamais de venir me saluer chaque fois. C'était un homme vraiment adorable, très simple et très cordial. Un charme fou, des yeux pétillants et rieurs, il n'aimait rien tant qu'évoquer ses souvenirs. Laissant de côté les pages douloureuses de son règne, il préférait retenir les moments de joie qu'il avait connus. Il narrait avec passion les événements mais conservait toujours un regard lucide et clair pour les commenter. Je n'oublierai jamais ses mots le jour où je lui demandai s'il craignait la mort : « J'ai survécu à de nombreux attentats. Combien ? je ne serais même pas capable de le savoir aujourd'hui exactement. Mais ce sont en quelque sorte les risques du métier. Le plus dur, au fond, lorsqu'on est assis dans un carrosse, c'est de se demander avec inquiétude de quel côté la bombe va arriver. De la droite ? De la gauche ? Mourir n'est rien, il faut toujours être prêt. Mais la perspective d'être estropié pour le restant de sa vie est douloureuse. Cependant ces risques, je les ai toujours acceptés pour moi comme un soldat. » Alphonse XIII devait en fait mourir à Rome, le 28 février 1941, à cinquante-cinq ans, au terme d'une angine de poitrine dont sa mère, la reine Marie-Christine, avait elle-même été victime. Quelques jours auparavant, sentant sa vie menacée, il avait abdiqué en faveur de son fils Juan.

Si je connaissais un peu Alphonse XIII, ma mère, elle, entretenait des relations assez étroites avec sa tante, l'infante Eulalie d'Espagne. Elle avait épousé en 1886 Antoine d'Orléans, duc de Galliera, qui lui avait donné trois enfants : deux garçons, Alfonso et Luis-Fernando, et une fille, mort-née. En 1900, au grand dam de la Cour, le couple s'était séparé et Eulalie avait été contrainte de s'installer pendant quelques années à l'étranger. Cela ne la perturba guère. Aventurière dans l'âme, elle adorait voyager.

Maman et elle avaient élaboré un projet de mariage entre l'infant Alonso, petit-fils d'Eulalie, fils d'Alfonso et de la princesse Béatrice de Grande-Bretagne, et moi-même. L'affaire fit long feu en raison de mon hostilité et de celle de la mère du pauvre garçon qui eut à peine le temps de réfléchir lui-même au projet : engagé dans l'armée nationaliste, il tomba au combat devant Madrid en novembre 1936. Quant à moi, je ne tins jamais rigueur à l'infante Eulalie de son initiative intempestive et restai toujours en très bons termes avec elle.

Ce fut aussi à cette époque que je devins amie du père du prince Rainier de Monaco, le comte Pierre de Polignac qui avait épousé en 1920 la future héritière du trône monégasque, Charlotte. Elle était le fruit des amours du prince Louis de Monaco et de Marie-Juliette Louvet, lingère de son état, rencontrée par le Prince en Algérie lorsqu'il était officier dans l'armée coloniale. Enfant naturelle, Charlotte avait été reconnue dès sa naissance et officiellement adoptée en 1919, date à laquelle elle avait obtenu le titre de duchesse de Valentinois. En 1933, elle devait se séparer de son mari. Plus tard, elle renoncerait à ses droits dynastiques au profit de leur fils Rainier.

Je connus Pierre, d'origine hispano-mexicaine par sa mère, chez des amis communs qui nous invitaient fréquemment à dîner. Il était très préoccupé par l'avenir de ses enfants. Rainier en particulier — mais sa sœur aussi — lui causait les plus vives inquiétudes. Il lui reprochait son goût invétéré pour la fête dans les boîtes de nuit et les bars. Afin d'y remédier, il ne voyait qu'une solution : un mariage avec une jeune fille si possible belle et gracieuse. Une actrice de cinéma américaine ? Pourquoi pas ? L'essentiel serait qu'elle modère ses ardeurs fêtardes.

Pierre était un homme de bon sens et de principes, calme et pondéré. Sa compagnie était des plus agréables. Il venait régulièrement me voir à Nice où il m'emmenait dîner au Negresco ou dans d'autres grands hôtels de la ville. Parfois en tête à tête, parfois avec des amis comme le consul d'Espagne en France. Il éprouvait le besoin de voir du monde et de demander conseil. Il était vraiment noble, et de sang, et de caractère.

Les nuages qui s'amoncelaient au-dessus du ciel européen depuis l'accession au pouvoir de Hitler en 1933 annonçaient l'orage. Ce serait une tempête. Libéré de la menace russe après la signature du pacte de non-agression germano-soviétique, le chancelier du IIIe Reich ordonna l'invasion de la Pologne en septembre 1939. Quinze jours plus tard, Staline lançait ses propres troupes à l'est du pays.

L'engagement de la France dans le conflit chassa les étrangers installés sur la côte d'Azur. Pourtant, rien n'indiquait que l'Italie voisine et alliée théorique de l'Allemagne allait intervenir. Mussolini n'avait pas déclaré la guerre à la France et aucun signe de tension ne se fit jour à la frontière italo-française. Les effectifs français de l'armée des Alpes tombèrent même de cinq cent cinquante mille hommes à moins de cent mille en quelques mois. Ce ne fut que le 10 juin 1940 que l'Italie se jeta dans la guerre, un mois après le *Blitzkrieg* allemand victorieux au nord et à l'est de la France. L'arrivée des troupes italiennes, puis allemandes en 1943, provoqua un nouvel exode des étrangers vivant dans le sud du pays. Pourtant, après quelques jours d'hésitation, je choisis de rester dans la région. Un choix que je pus tenir jusqu'en 1942.

Début 1940, mon frère épousa la comtesse Marie-Antoinette Pasquini et s'installa définitivement à Rome. N'ayant pu assister au mariage, je décidai de me rendre dans la capitale italienne pour le féliciter et faire plus ample connaissance avec sa femme.

Grâce à mes bonnes relations avec le maire de Cannes et mon statut d'apatride, je parvins à obtenir un passeport de la préfecture des Alpes-Maritimes. Seule condition : relater à mon retour tout ce que j'aurais pu voir au pays de Mussolini, en particulier la présence ou non de troupes armées près de la frontière, le long de la voie de chemin de fer. Les travaux de fortification engagés de l'autre côté des Alpes, le survol des positions françaises par les avions italiens et la multiplication de patrouilles « ennemies » depuis quelques jours ne laissaient pas d'inquiéter.

Bref, on me demandait de devenir « espionne », ce que je refusai tout net non sans réaffirmer toutefois mon attachement à la France, ma deuxième patrie. « Cette guerre n'est pas la mienne », osai-je même afin de dissuader mon interlocuteur. Ma jeunesse sous les soviets m'avait rendu insupportable l'idée des services secrets, de leurs univers obscurs. On ne m'en tint pas rigueur mais le fonctionnaire de police crut bon d'ajouter que, puisque j'étais une femme honnête, je ne dirais donc rien non plus en Italie de ce que j'aurais pu voir du côté français. « Certainement pas », le rassurai-je avant de le quitter.

Je partis en train pour l'Italie un matin de printemps 1940. À la frontière, les douaniers transalpins fouillèrent attentivement mes bagages et découvrirent mes bijoux. Ils me demandèrent de les leur laisser jusqu'à mon retour. Je leur répondis que c'était impossible car je me rendais ensuite en Suisse. Une discussion longue et animée s'ensuivit. À son terme, il fut décidé que je garderais mes bijoux mais avec interdiction de les porter sur le sol italien. On les plaça dans un petit sac plombé.

Le soir même de mon arrivée chez les beaux-parents d'Irakly, le comte et la comtesse Hugo Pasquini me prévinrent que j'étais invitée avec eux à une réception organisée le lendemain soir par Rachele Mussolini et son gendre, le comte Ciano. « Ah, c'est parfait », déclarai-je d'une voix trop satisfaite pour ne pas les plonger dans l'étonnement.

Vingt-quatre heures plus tard, j'entrai dans le salon de réception avec mon petit sac plombé épinglé sur ma robe. Je remarquai, amusée, que tout le monde m'observait avec curiosité sans oser me demander quelle était l'étrange broche que je portais là. Finalement, c'est l'épouse du Duce elle-même qui vint me demander, intriguée, ce qui se trouvait dans le petit sac accroché sur ma poitrine. « Mais madame, lui répondis-je sans me démonter, ce sont mes bijoux ! Ne savez-vous donc pas que c'est ainsi que les douaniers de votre pays exigent qu'ils soient portés ? Ils ont été très clairs et très fermes à ce sujet. »

Ma petite mise en scène fonctionna au-delà de mes espérances. Dès le lendemain, je recevais par porteur une lettre signée de la main de Mussolini signifiant que j'étais bien sûr autorisée à porter mes bijoux ainsi que je l'entendais et selon mon entière liberté. Une seconde lettre était jointe : une invitation à venir lui rendre visite.

J'étais très excitée à l'idée de rencontrer l'homme qui avait, en moins de vingt ans, donné un nouveau visage à son pays. En s'attachant à certains faits objectifs, tels qu'on pouvait les mesurer à l'époque, il fallait bien constater que l'Italie mussolinienne pouvait légitimement s'enorgueillir de quelques réussites. Avant la marche sur Rome, le pays se cherchait une unité réelle depuis 1860. Miné de querelles partisanes encouragées par un système démocratique malheureusement immature, il avait failli céder aux sirènes communistes au lendemain de la Première Guerre mondiale. Mussolini — tous les historiens honnêtes le reconnaissent — avait profité d'un désordre qu'il n'avait pas créé. Sous son influence, l'Italie était devenue une nation relativement prospère et respectée par la communauté internationale. Depuis 1936, il existait une Italie africaine grâce à la conquête de l'Éthiopie et de la Libye. Des diplomates français et britanniques avaient plusieurs fois tenté de s'entendre avec le Duce afin de prévenir les menées hégémoniques allemandes. En 1934, celui-ci avait d'ailleurs montré les dents à son supposé ami, le Führer, après un putsch nazi en Autriche. Contrairement à l'Allemagne, aucune persécution antisémite n'avait eu cours à Rome, à Turin, à Milan où vivaient de petites communautés juives. Mussolini n'était pas Hitler et son régime autoritaire ne dépareillait pas une époque troublée.

Mussolini me reçut dans son cabinet de travail. Ce que je remarquai immédiatement et qui m'impressionna était la masse de livres et de papiers qui encombraient son bureau. L'homme était de petite taille et plutôt corpulent. Ses mains surtout me surprirent ; elles étaient énormes.

Son visage, lui, respirait une sorte de sympathie bonhomme.

Nous conversâmes assez longuement. D'un débit assez rapide, ses paroles étaient empreintes d'une certaine rudesse mais il ne parlait pas sur ce ton de commandement qu'on lui prêtait. La finesse et la clarté de ses propos étaient juste gâchées par une vanité évidente. Mussolini avait conscience d'être un grand homme et il aimait se le rappeler.

Bien que connaissant mal la langue, il faisait des efforts pour parler en français. De lui, de l'Italie, de son essor, de son destin. Il reconnaissait s'être trompé au sujet de son peuple sur au moins un point : son absence de sens militaire. En prenant le pouvoir, il était persuadé que les Italiens étaient nés pour devenir de grands soldats — n'étaient-ils pas les héritiers directs des Romains qui dominèrent plusieurs siècles durant l'Europe et une partie de l'Asie et de l'Afrique ? Il avait rapidement compris que ce n'était pas le cas.

Je ne revis jamais Benito Mussolini après cette conversation.

Je restai une dizaine de jours à Rome pour visiter les musées. Les jardins publics, eux, étaient inaccessibles. Tous avaient été transformés en jardins potagers pour nourrir les troupes. Et ce fut là que me rattrapa l'évidente dimension ubuesque du fascisme à l'italienne, tragicomique certes comparé à ce communisme soviétique, mais tragique néanmoins.

Après mon voyage en Italie, je retournai à Cannes tout en continuant à venir parfois sur les bords de l'océan.

Pendant deux ans, la vie reprit à peu près normalement. À Nice, les Italiens ne représentaient pas une force d'occupation sanguinaire. Mais la menace de débarquement allié en Sicile et les revers des troupes mussoliniennes en Afrique et dans les Balkans changèrent la donne en 1943. Hitler commença à manifester agacement et méfiance vis-à-vis de son allié transalpin. Des soldats allemands se mirent à patrouiller régulièrement dans la ville, la ligne de démarcation entre la zone libre et la zone occupée ayant disparu quelques mois plus tôt.

Je pris vraiment conscience que la relative quiétude que nous avions connue depuis deux ans était remise en cause en mai 1943. J'avais invité à déjeuner à la maison Maria d'Italie. Fille cadette du roi Victor-Emmanuel III et sœur d'Umberto II, elle était mariée au prince Louis de Bourbon, prince de Parme. Nous étions très proches. Ce jour-là, j'avais également convié le consul d'Italie, M. Playa, et sa femme. Mais personne ne vint.

Je commençais à me montrer très inquiète quand le téléphone sonna. C'était Mme Playa qui m'annonçait qu'elle et son mari avaient été faits prisonniers par les Allemands. On leur avait interdit de quitter leur maison cannoise jusqu'à nouvel ordre. Elle eut juste le temps de me recommander de prévenir la princesse de Parme avant de raccrocher précipitamment comme si elle craignait que quelqu'un ne surprît sa conversation. Aussitôt, j'appelai Maria. Sa femme de chambre me répondit. En pleurs. Sa maîtresse venait d'être arrêtée à son tour et emmenée Dieu savait où par les Allemands.

Que faire ? Les communications téléphoniques étant coupées, la seule solution était de foncer jusqu'au consulat italien à Nice. De là, il serait possible de prévenir le roi son père. Les routes bloquées, il était inutile de prendre la voiture. J'enfourchai ma bicyclette et avalait le plus vite possible les trente-cinq kilomètres séparant les deux villes. Le consul eut juste le temps de prévenir Victor-Emmanuel qui convainquit Mussolini d'ordonner la libération de la princesse.

Mafalda, sa sœur, allait connaître, elle, un destin tragique. Son mari, le prince Philip, avait décidé de soutenir l'État nazi dès avant la guerre. Après la chute de Mussolini et son arrestation en juillet 1943, puis le renversement des alliances adopté par le roi, il fut arrêté et mis en résidence surveillée. Mafalda, elle, fut arrêtée par les Allemands au moment du débarquement allié en Italie continentale. Leur objectif était de l'utiliser contre son père, Victor-Emmanuel III. La stratégie échoua et la pauvre princesse fut déportée avec les détenus politiques à Buchenwald. Ce fut là qu'elle mourut, ironie cruelle, des suites d'une blessure occasionnée lors d'un bombardement allié le 27 août 1944.

L'arrivée des Allemands dans les villes françaises de la Côte d'Azur précédemment occupées par les Italiens fut également fatale à mon ex-mari. Bien qu'il sût que tous les Américains vivant dans la région étaient systématiquement arrêtés, il refusa de quitter Nice comme la quasi-totalité de ses compatriotes. Il se cacha néanmoins dans les montagnes surplombant la ville, chez une famille de paysans amis.

Je n'aimais guère cette situation. Sumner vivait sous la menace permanente d'être découvert par hasard ou dénoncé par un voisin malveillant. Moi-même, je n'étais pas tranquille. Les Allemands faisaient régner un climat de terreur et on les savait capables de pendre à un réverbère de la ville n'importe qui à n'importe quel moment. Je cherchais vainement comment échapper à cette épée de

Damoclès qui pendait au-dessus de nos têtes quand une chose étrange se passa.

Un matin, je vis arriver chez nous un officier allemand. C'était un homme que j'avais connu avant-guerre à Nice où il passait souvent ses vacances. Nous avions sympathisé chez des amis communs et je l'avais plusieurs fois convié à dîner à la maison. Il avait appris que nous étions toujours en France et avait décidé de venir nous saluer. L'opportunité était trop belle. Aussitôt les formules de politesse échangées, je lui demandai d'intervenir en notre faveur auprès des autorités nouvelles. Quelques jours plus tard, il me faisait parvenir trois visas. Sumner, Hélène et moi pouvions sortir de France.

Mon ex-mari choisit le Portugal mais s'en lassa très vite. Comme il refusait toujours de repartir aux États-Unis, il décida imprudemment de rentrer en France. C'était pure folie et il allait le payer de sa vie. À peine revenu, il fut arrêté par la Milice française et déporté dans le camp de Beau, là où passait la frontière entre l'Allemagne et la Tchécoslovaquie avant 1939. Il y mourut en août 1944, le jour de la libération de Paris.

Ce jour-là devait rester, dans ma mémoire, de joie et de deuil mêlés.

Ma fille Hélène et moi étions parties nous installer en Espagne où nous avaient rejointes mon frère et son fils Georges après le décès en couches de sa femme, la comtesse Marie-Antoinette Pasquini. Nos parents arrivèrent à leur tour à Madrid quelques semaines plus tard, ce qui permit à mon neveu d'être élevé dans une atmosphère familiale bénéfique. C'était le minimum que nous puissions offrir à ce petit appelé à grandir orphelin de mère.

À peine avais-je emménagé dans ma nouvelle demeure madrilène que je fus invitée à faire la connaissance du général Franco et de sa femme Carmen, née Polo y Martinez Valdès. Un prêtre de mes amis m'avait fait savoir qu'une certaine famille souhaitait me rencontrer. Elle avait appris que j'avais longtemps vécu en France et souhaitait perfectionner sa maîtrise d'une langue que leur enseignait d'ailleurs déjà une jeune fille qui avait jadis été à mon service. Je refusai dans un premier temps mais nous devions finir par nous rencontrer tôt ou tard.

Avant d'apprendre à le connaître, mon opinion sur le général Franco n'était pas très claire. Même si j'entendais déjà à l'époque beaucoup de critiques à l'encontre de sa politique et de sa propre personne, il me semblait qu'il possédait au moins deux mérites : avoir empêché l'Espagne de tomber aux mains des communistes et avoir réussi à tenir son pays à l'écart de la Seconde Guerre mondiale.

En France, même si on s'attache aujourd'hui uniquement à ne rappeler que l'engagement de nombreux intellectuels en faveur des Brigades internationales, beaucoup d'écrivains, de penseurs et d'académiciens soutinrent Franco pendant la guerre d'Espagne. Ils s'appelaient Paul Claudel, Léon Daudet, Francis Jammes, Henri Massis, Louis Madelin, le général Weygand, etc. « Nous ne pouvons faire autrement, soulignaient-ils dans un manifeste, que de souhaiter le triomphe, en Espagne, de ce qui représente actuellement la civilisation contre la barbarie, l'ordre et la justice contre la violence, la tradition contre la destruction, les garanties de la personne contre l'arbitraire. » Cela pour dire combien la situation était alors complexe. Je savais ce qu'était une guerre civile. Je savais aussi ce dont avaient été capables les bolcheviks. L'angoisse de ces écrivains m'était perceptible.

Le *golpe* de juillet 1936 avait été déclenché par une partie de l'armée autant pour répondre à l'assassinat de Calvo Sotelo que pour prévenir un éventuel coup d'État communiste dont certains signes laissaient penser qu'il était imminent. Collectivisations forcées et massacres de religieux et de notables — avec, ensuite, exhumation sacrilège de leurs cadavres — s'étaient multipliés dans certaines régions du pays depuis l'arrivée du Front populaire. Avec des méthodes qui ne rappelaient que trop ce qui s'était passé en Russie quelques années auparavant. À ce sujet, les témoignages recueillis avec impartialité par l'historien anglais Ronald Fraser dans un livre paru en 1979 sont éloquents. Je n'en citerai qu'un seul, et qui suffit à comprendre sinon à justifier la volonté de réaction d'une partie du peuple espagnol à l'été 36. Il émane d'un jeune paysan engagé dans les troupes républicaines : « Je me sentais si enthousiaste, si fanatique, que je pris tout ce qu'il y avait dans la maison de mes parents... tout le grain, une douzaine de moutons, même les monnaies d'argent... et je les remis à la commune, racontait Sevilla Pastor, membre des Jeunesses libertaires, qui appartenait à une famille de paysans prospères, propriétaire de deux maisons et de plus de terres que ce que pouvaient labourer les membres de la famille. [...] D'Alcaniz, petite ville la plus proche, vint une bande d'hommes armés pour "nettoyer le pays au nom de la CNT". Ils disaient à ceux du comité qu'ils étaient des "poltrons" parce qu'ils n'avaient pas fait de purge. En l'espace de deux heures, ils fusillèrent six hommes. La violence était partout. En peu de temps, deux mille des deux mille trois cents habitants du village entrèrent dans la commune. »

Lancé sur l'initiative d'une garnison de l'armée d'Afrique stationnée au Maroc, le soulèvement militaire se propagea dans les principales casernes. La réaction, inévitable et également armée, des partis de gauche plongea l'Espagne dans la guerre civile.

Francisco Franco Bahamonde s'imposa rapidement à la tête des mutins. Né en 1892, il avait été cadet à l'école militaire de Tolède avant d'intégrer un corps d'infanterie où il se fit remarquer par sa conduite au cours des combats lors de la guerre du Rif. Promu général à seulement trente-trois ans, il fut nommé chef d'état-major avant d'être envoyé aux Canaries par le gouvernement du Front populaire. Après la mort du général Sanjurjo dans un accident d'avion, il obtint le commandement militaire puis politique des troupes insurgées. Sa science de la guerre et son charisme lui permirent d'entrer victorieux dans Madrid fin mars 1939. Un parti avait gagné sur l'autre. Comme toujours dans toute guerre civile, le droit du vainqueur allait se révéler absolu.

N'étant pas espagnole, je me garderais bien de me proclamer franquiste ou antifranquiste. Je n'ignore pas que des milliers de personnes ont souffert des choix et des méthodes de Franco au cours des trente-six années que dura son maintien à la tête de l'État espagnol. Ce que je peux simplement dire, pour l'avoir bien connu après notre première rencontre manquée, c'est que le général Franco me fit toujours l'impression d'un homme soucieux de l'intérêt supérieur de sa nation. L'état dans lequel il laissa son pays à sa mort le prouve, quoi qu'on puisse, je le répète, penser de ses idées et de certains de ses actes. Sa politique économique fut un succès en dépit des nombreux appels au boycott que l'Espagne dut endurer pendant plusieurs décennies. Il permit à une classe moyenne d'éclore et de s'épanouir. Toutes ces considérations ne valent, à l'évidence, qu'en regard de la double situation de la montée des totalitarismes avant 1939 et de la Guerre froide ensuite, aucune dictature ne pouvant être par soi légitime à mes yeux. Mais l'Espagne elle-même, à rebours, n'échappa pas à la fatalité de la Roue rouge qui embrasa le monde jusque dans les années 80.

Surtout, le général Franco sut préparer son pays à l'après-franquisme en désignant son successeur avant sa mort. Bien qu'il se proclamât républicain, il avait conscience qu'après sa disparition la monarchie seule permettrait au pays de maintenir son unité territoriale et sa cohésion sociale. Aussi demanda-t-il dès 1949 au comte de Barcelone, chef de la maison royale espagnole, de laisser ses deux fils poursuivre leurs études à Madrid. Grâce à cette initiative, Juan Carlos put grandir dans son pays et se préparer dans les meilleures conditions à son futur règne. Et ce fut le jeune roi qui, au lieu de rallumer les fantômes de la guerre civile, sut courageusement renforcer la démocratie et les libertés. Juan Carlos allait incarner, avec beaucoup de courage et d'allure, les vertus royales au sein de la nouvelle Europe. C'est là l'une de nos dettes à son égard, l'autre qui m'est plus personnelle étant qu'il nous devait garder la merveilleuse hospitalité de l'Espagne.

Ce ne fut qu'après la fin de la Seconde Guerre mondiale que je commençai à fréquenter régulièrement le grand-duc Wladimir de Russie.

Je l'avais rencontré une première fois à Paris pendant la guerre. Je me trouvais dans un restaurant russe avec la princesse Tatiana, mère du prince Nicolas Ouroussoff. À cette époque, elle était une de mes plus chères amies et souhaitait à tout prix me faire épouser un prince russe. Quand elle le vit, elle ne put s'empêcher de me le montrer : « Regarde, il y a le grand-duc Wladimir. » Il dînait seul dans un coin du restaurant. Il portait une moustache et donnait l'impression d'être un homme d'une grande taille.

Comme elle le connaissait bien, elle tint absolument à me le présenter. Je refusai. Je lui rétorquai un peu sèchement que je ne me satisferais jamais d'un mari gros et moustachu.

En 1946, Mme Doumecq, propriétaire des fameux spiritueux, m'invita à passer quelques jours avec ma mère dans sa grande propriété à Xérès, près de Séville.

Un soir, le grand-duc Wladimir vint dîner avec nous. Il résidait alors chez sa tante, l'infante Béatrice d'Espagne, qui possédait une demeure à proximité. Lui-même était très proche de nos hôtes. Ce fut au cours de ce repas que je fis vraiment la connaissance de Wladimir. Puis il rentra à Madrid où il habitait dans l'appartement de sa tante, car un travail venait de lui être proposé.

De mon côté, je partis quelques semaines pour les États-Unis.

Une fois de retour à Madrid, je revis le grand-duc. Il faisait beaucoup de traductions pour le consul honoraire de Grèce en Espagne, Likatchof, chez qui je me rendais moi-même assez souvent. Un soir, son secrétaire me fit parvenir une invitation pour dîner avec lui. Ainsi débutèrent nos sorties ensemble.

Le grand-duc était l'objet de nombreuses sollicitations féminines. Mon frère lui-même avait en tête de le marier à une femme qu'il repoussa immédiatement. Il y avait aussi une Allemande qui lui tournait beaucoup autour. Un soir, il me prévint, désolé, qu'il ne pourrait m'accompagner au cinéma parce qu'il devait emmener cette amie chez des Hongrois où ils avaient coutume de se rendre chaque année pour manger des écrevisses à la russe, avec de la bière. « Fort bien, répondis-je en feignant l'indifférence. De toute façon, j'avais prévu de me rendre de mon côté à l'invitation à dîner d'un ami. Nous nous reverrons plus tard. »

L'ami en question, très amoureux, vint me chercher en voiture. La soirée se prolongea et je ne rentrai qu'à trois heures du matin pour apprendre que le grand-duc avait appelé pendant toute la nuit. Il voulait prétendument me joindre parce qu'il avait oublié ses lunettes. Problème : il ne portait pas de lunettes... Après cette soirée, il n'envisagea plus jamais de sortir avec cette Allemande.

Et, quelques mois plus tard, il me demandait officiellement en mariage.

9

Wladimir

Devenir la femme de l'héritier du trône de Russie ! Derrière la simplicité avec laquelle le grand-duc Wladimir m'avait invitée à partager désormais sa vie et son destin, il y avait cette réalité-là. Cette responsabilité-là, immense, grandiose, impressionnante. Née princesse de Géorgie, j'allais devenir grande-duchesse de Russie. Membre de la famille des Romanoff.

Après l'assassinat du tsar Nicolas II et de son fils en juillet 1918 à Ekaterinbourg, puis celui de son frère, le grand-duc Michel Alexandrovitch, le titre d'héritier du trône était revenu naturellement au grand-duc Kyril, fils aîné du grand-duc Wladimir Alexandrovitch, troisième fils du tsar Alexandre II et frère d'Alexandre III.

Kyril avait eu pour mère Maria Pavlovna, princesse allemande qui avait suscité de nombreuses jalousies par sa flamboyance et son caractère. Et ce, même après sa mort. Ainsi son fils se verrait-il reprocher, plus tard, la conversion tardive de sa mère à l'orthodoxie !

En 1905, Kyril prit part à la guerre russo-japonaise au cours de laquelle il échappa miraculeusement à la mort. Il faisait partie de l'état-major de l'amiral Makaroff, commandant en chef de l'escadrille du Pacifique. Le cuirassé *Pétropavlovsk* sur lequel il se trouvait lors de la désastreuse bataille de Tsushima heurta une mine et coula, entraînant la mort de sept cents marins. Kyril ne dut son salut qu'à une planche de bois à laquelle il s'était accroché. C'est seulement au bout de plusieurs heures de dérive qu'il fut ramené à bord d'un bateau de secours. Cette expérience lui valut l'admiration du peuple et la jalousie moqueuse de la bonne société pétersbourgeoise, trop occupée par ses mondanités pour comprendre le traumatisme vécu par Kyril.

Ces réactions n'étaient pourtant rien en comparaison de celles que suscita son mariage avec la princesse Victoria-Mélita de Grande-Bretagne. Fille du duc d'Édimbourg et de Marie de Russie, sœur du tsar Alexandre III, elle avait, sur l'injonction de la reine Victoria, sa grand-mère, épousé en premières noces le grand-duc Ernst-Ludwig de Hesse qui se trouvait être son cousin germain. L'union s'était vite révélée un échec, en grande partie à cause du très relatif penchant de Ernst-Ludwig pour les femmes en général, la sienne en particulier.

En se mariant en octobre 1905 à Tegernsee avec sa cousine très proche, divorcée, ex-belle-sœur de la tsarine, Kyril subit la colère de la Cour impériale. Nicolas II le priva de tous ses commandements, de tous ses privilèges et le chassa de Russie. Exilé en Allemagne puis en France, le couple eut deux filles, Maria et Kyra. Cette dernière devait épouser, en 1938, le prince Louis-Ferdinand de Prusse, petit-fils de Guillaume II et héritier du trône impérial.

Après la mort de son père, Kyril fut autorisé à rentrer dans son pays et Victoria-Mélita, par sa chaleur et son dynamisme, conquit très vite les faveurs de tous ceux qui étaient invités à fréquenter la maison impériale. Lorsque la guerre éclata, elle partit s'occuper avec efficacité d'un hôpital de campagne tandis que le grand-duc prit le commandement d'un régiment de garde-marins dans la capitale. La mission qui lui avait échu était de protéger la famille impériale installée dans son palais de Tsarskoïe Selo. Après la proclamation d'un gouvernement provisoire, il se rendit avec ses hommes pour se placer à la disposition du gouvernement Kerenski.

Suivant la recommandation de sa femme qui, à quarante ans, était sur le point d'accoucher d'un troisième enfant, Kyril choisit ensuite d'émigrer en Finlande. Rien de plus aventureux. Il leur fallut traverser à pied le golfe de Finlande, dans la brume et sous la menace permanente d'une patrouille bolchevique ! Ce fut à Borga, le 30 août 1917, que vint au monde Wladimir. Après plusieurs années d'une vie éprouvante dans un pays ruiné et menacé, lui aussi, par la tourmente révolutionnaire, la famille s'installa en Allemagne près du château de Cobourg. Là encore, la crise économique et les risques de putsch communiste les jetèrent dans la crainte.

En 1921, la décision de quitter l'Allemagne pour une nouvelle terre d'exil fut prise. Le choix se porta sur la Suisse puis sur la France. Après un hiver au château Fabron, à Nice, ils acquirent une petite capitainerie à Saint-Briac, près de Dinard, en Bretagne. Ils la baptisèrent « Ker Argonid », qui est la traduction bretonne de Victoria. La petite cité balnéaire au climat exceptionnellement doux connut rapidement une certaine effervescence due à son statut officieux de capitale de l'émigration russe blanche. Après confirmation officielle des morts de Nicolas II, du tsarévitch et du grand-duc Michel, Kyril, en vertu d'une proclamation de 1922, possédait désormais le titre d'empereur de Russie.

« Le temps est venu de porter à la connaissance générale que le 17 juillet 1918, dans la ville de Ekaterinbourg, ont été sauvagement assassinés l'empereur Nicolas Alexandrovitch, l'impératrice Alexandra Feodorovna, leur fils et héritier Alexis Nicolaievitch, et leurs filles, les grandes-duchesses Olga, Tatiana, Maria, Anastasia. [...] Les lois russes de succession au trône n'admettent pas la vacuité du trône impérial après la constatation de la mort du dernier empereur et de ses héritiers immédiats [...] Aîné de la famille impériale et seul héritier légitime du trône de Russie, je prends le titre d'empereur de toutes les Russies qui m'appartient irréfragablement. » Par cette déclaration, le grand-duc Kyril fit savoir au monde, le 13 septembre 1924, qu'il était désormais le dépositaire de l'héritage des Romanoff et le successeur des tsars qui avaient fait la Russie. Ce geste n'était pas seulement légitime, il était nécessaire. Comme devait le confirmer Mgr Antoine, archevêque émigré aux États-Unis : « En ce début des années vingt, il est devenu urgent d'assurer la continuité et l'ordre de succession de la dynastie, ainsi que de créer des conditions dans lesquelles elle pourrait conserver ses droits [...] et accomplir son devoir dynastique à n'importe quel moment. Ceci doit être fait sur des bases légales, en adaptant les lois fondamentales aux conditions de vie à l'étranger. »

Ces lois fondamentales avaient été promulguées en 1797. Elles stipulaient que la succession se ferait toujours dans la descendance directe, naturelle et légitime de Paul Ier, de mâle en mâle par ordre de primogéniture ou, à défaut, en ligne féminine à la plus proche parente par ordre de primogéniture et de proximité avec le dernier empereur régnant, puis de nouveau de mâle en mâle. Les mariages nécessiteraient l'autorisation du chef de famille et devraient être célébrés avec des personnes issues de maisons souveraines ou médiatisées, de foi orthodoxe ou converties à la religion orthodoxe.

Bien que ces lois eussent été respectées dans leur esprit par Kyril, quelques contestations se firent jour dès l'annonce de sa proclamation. La première émana de la mère de Nicolas II. Réfugiée au Danemark, complètement bouleversée par les événements des dernières années, Maria Feodorova ne voulait pas admettre que son fils et son petit-fils fussent morts. Aussi, contrairement à sa fille Xénia, au grand-duc Alexandre Mikhaïlovitch, et de tant d'autres membres de la famille, elle eut préféré que Kyril attendît avant de se proclamer héritier du trône. Certains mouvements monarchistes exilés se reportèrent curieusement sur le grand-duc Nicolas Nicolaïevitch, un autre neveu d'Alexandre II, dont le prestige militaire acquis au haut-commandement des armées impériales durant la guerre, lui semblait suffisant pour prétendre à un changement de dynastie ! Et je ne parle pas de cette aventurière de Mme Anderson se prétendant la grande-duchesse Anastasia...

Les arguments contre Kyril étaient aussi variables qu'injustifiés. Certains étaient totalement fantaisistes ou de mauvaise foi, d'autres enrobés dans une rhétorique idéologique ou juridique. Parmi ceux-ci, trois en particulier revenaient avec insistance. Il me semble approprié de les rappeler ici et de montrer en quoi ils n'étaient pas valables.

Premier reproche — que Wladimir encourra aussi à l'annonce de notre union : Kyril avait contracté un mariage morganatique. Rien de plus faux. Sans doute sa femme était-elle divorcée du grand-duc de Hesse, mais elle était née princesse de Grande-Bretagne, tout de même ! Il s'agissait bien là d'une union d'égale naissance. Quant au fait qu'elle fût divorcée, rien dans les Lois fondamentales écrites n'indique que cela aurait dû la priver, elle et sa descendance, du droit de succession au trône. Pour finir, si l'empereur avait désapprouvé dans un premier temps ce mariage — fait incontestable —, c'était en raison de l'identité du premier mari de Victoria-Mélita : il était le frère de la tsarine. Du reste, une ordonnance signée de la main de Nicolas II le 15 juillet 1907 avait normalisé cette union houleuse, la validant *de facto*.

Kyril n'avait pas le droit de se proclamer empereur, prétendirent aussi certaines personnes. Et pourquoi ? Uniquement parce que la mère de Nicolas II, qui n'avait plus toute sa tête, refusait de croire à l'évidence ? Laisser le trône vacant était exactement ce que souhaitait le pouvoir soviétique. C'était d'ailleurs pour cela qu'il faisait planer un doute sur le sort réservé à la famille impériale en refusant de dévoiler l'emplacement où se trouvaient les corps de ses membres exécutés. Ses droits à revendiquer la couronne russe étant acquis, Kyril avait le devoir de les affirmer publiquement afin d'entretenir l'espoir, de maintenir la continuité morale de la dynastie et, par-dessus tout, de lui permettre d'accomplir sa fonction de témoignage.

Troisième argument, le plus grave et le plus injuste, la rumeur selon laquelle Kyril aurait arboré une cocarde rouge pendant la Révolution et offert les services de ses troupes au gouvernement provisoire. Si la première remarque est totalement fausse, la seconde ne l'est pas mais mérite d'être éclairée. En abdiquant, Nicolas II avait mis fin à la monarchie et à tous les devoirs induits par ce système. De fait, tous les grands-ducs se trouvaient libérés de leur serment vis-à-vis de l'empereur et de l'empire. Restaient, pour un officier de marine comme Kyril, ses devoirs de soldat à l'égard de son pays en guerre. En refusant de présenter ses hommes au nouveau gouvernement, il aurait jeté sur ceux-ci l'opprobre que méritent les déserteurs. Leur vie autant que la sienne eussent été mises en danger : en période de guerre, c'est le peloton qui attend les déserteurs. Son attitude fut donc celle d'un patriote et d'un officier responsable.

Pendant plus de dix ans, avec l'aide de sa dévouée épouse, Kyril allait donner à son fils Wladimir l'éducation d'un tsarévitch. Un fait dont il informerait son peuple en 1933 en rendant publique la prestation de serment de son héritier, faisant de celui-ci, à sa mort, le prétendant officiel au trône. Rongé par une longue maladie et par la disparition de Victoria-Mélita deux ans plus tôt, le grand-duc Kyril devait décéder le 13 octobre 1938 à l'hôpital américain de Neuilly. Certainement avec le sentiment du devoir accompli.

Wladimir grandit d'abord entre Saint-Briac et Cobourg où ses parents possédaient une maison héritée de sa grand-mère maternelle, la grande-duchesse Maria Alexandrovna, future duchesse régnante de Cobourg. Quoique rapidement averti et conscient de ses futures responsabilités, il n'avait rien d'un enfant prétentieux et distant. Au contraire. Tous les témoignages concordent pour assurer qu'il fut un jeune garçon attentionné, généreux et bon camarade. Ses parents avaient demandé à sa gouvernante finlandaise, d'origine russe, de les suivre en France. Ce fut elle qui l'éduqua. Wladimir bénéficia aussi des leçons de précepteurs qui lui enseignèrent à la perfection la langue russe et le sensibilisèrent à la culture et à l'âme slaves. Il apprit, enfant, le russe et le français, mais aussi l'allemand et l'anglais ainsi que plus tard l'italien et l'espagnol. On lui donna enfin, grâce à un général ami de la famille, une formation militaire théorique.

Excellent en histoire et en lettres, il intégra le lycée russe de Neuilly qui bénéficiait du même statut que les établissements français. Là, il prépara son baccalauréat. Dès qu'il lui était possible, il rentrait en Bretagne pour voir son père, surtout après le décès de Victoria-Mélita en 1936. Il était aussi très féru de mécanique. Il passait des heures entières enfermé dans une pièce de la maison pour construire toutes sortes d'engins volants et roulants qu'il exposait à côté de ses collections de voitures miniatures et de ses maquettes d'avions de modélisme. Quand il sortait, c'était pour courir assister à une course de rallye dans les environs ou enfourcher sa moto — une Gnome et Rhône — pour de longues balades avec ses amis d'enfance de la région. À Paris, il vivait avec son chien dans un petit appartement du 16e arrondissement où quelques journalistes venaient parfois l'interroger pour étayer un énième reportage sur la vie quotidienne des Russes blancs en France. Il s'y prêtait toujours de bonne grâce.

Une fois son bac obtenu, Wladimir partit à Oxford étudier les sciences politiques. Quelques mois seulement. Dès la mort de son père, il choisit de rentrer en France afin d'assumer pleinement ses nouvelles fonctions et de remplir ses obligations impériales. Il avait vingt et un ans.

Le 31 octobre 1938, il publia un manifeste témoignant de sa détermination à se montrer digne de la tâche qui lui incombait : « Selon l'exemple de mon père et avec la profonde conscience de mon devoir sacré, je recueille, suivant le droit suprême de chef de la maison impériale de Russie, arrivé jusqu'à moi par héritage, tous les droits et devoirs qui me reviennent en vertu des lois fondamentales de l'Empire russe et du statut de la famille impériale. [...] Je m'adresse à tous les Russes préoccupés par les destinées de la Russie et leur demande de s'unir autour de moi. Je les appelle à me suivre en collaboration étroite pour le bien de notre peuple. Je n'ai qu'un seul but, une seule aspiration : me mettre au service de la Russie pour le bonheur et le bien-être du peuple russe qui n'obtiendra ses droits et sa liberté qu'autour du trône impérial. » Au même moment, faut-il le rappeler, la Russie est plongée dans la plus meurtrière des périodes de purge stalinienne. Et à ce moment même, je me plais à le rappeler, Wladimir n'avait que vingt et un ans.

Au début de l'année 1939, parce que, me dira-t-il plus tard, « je voulais connaître les conditions de vie réelles d'un simple ouvrier », il partit pour l'Angleterre et se fit engager dans un magasin de machines agricoles de Stanford, dans les Midlands, sous le pseudonyme de Mikhaïlov. C'était sous ce même nom que Pierre le Grand avait travaillé *incognito* comme charpentier, deux siècles et demi plus tôt, dans les chantiers navals de Deptford. Wladimir voyait dans cette expérience le moyen de comprendre le monde moderne. Et une réponse à tous ceux qui imaginaient qu'un empereur exilé se contentait d'attendre d'être appelé à régner, bien au chaud, coupé des réalités. Il habitait chez un palefrenier et se rendait à bicyclette tous les matins à l'usine, son petit déjeuner à peine avalé.

Son aventure ouvrière fut interrompue par la guerre. Il revint alors en France pour s'installer à Saint-Briac. Hostile à l'Allemagne nazie par principe comme par solidarité avec la France qui l'avait acueilli, la signature du pacte germano-soviétique le conforta dans ses prises de position hostiles à Hitler et à Staline. Après l'invasion de la Russie par l'Allemagne, il se trouva confronté, comme chaque Russe, à un cruel dilemme. Fallait-il souhaiter la victoire de l'Allemagne sur le bolchevisme — et par là envisager avec satisfaction la mort de centaines de milliers de ses compatriotes ? Ou espérer une victoire russe — et ainsi encourager le renforcement du pouvoir communiste à Moscou ? Entre la peste et le choléra, il décida sagement de ne pas choisir en rappelant son attachement à sa patrie mais aussi à certaines valeurs que Staline continuait à bafouer. Quelles que fussent les soudains appels de ce dernier au souvenir des glorieuses campagnes passées des tsars russes.

Tout en ayant choisi une apparente neutralité, Wladimir n'en suivait pas moins avec attention les engagements de certains de ses compatriotes dans une résistance active. C'est ainsi qu'il apprit avec effroi l'arrestation et la condamnation à mort de deux membres russes du Groupe du Musée de l'Homme, Anatole Lewitzky et Boris Vildé, coupables d'avoir édité le journal clandestin *Résistance*, et que le général de Gaulle devait décorer à titre posthume avec citation.

D'autres destins tragiques le bouleversèrent. Notamment ceux des trois cents Russes internés dans un camp en France le jour même de l'invasion allemande de la Russie, puis déportés à Auschwitz pour la plupart. Parmi eux se trouvait Ilya Fondaminski, rédacteur en chef de la revue russe *Les Carnets contemporains*. Après son arrestation, ce Juif d'origine avait demandé au père Constantin Zambrijitski de le baptiser. Invité à s'évader avec des amis, il refusa par solidarité avec les Juifs emprisonnés avec lui : « Que mes amis ne s'inquiètent pas pour moi, se justifia-t-il alors. Je suis tout à fait heureux. Je n'aurais jamais pensé qu'il y eût tellement de joie en Dieu. » Il mourut le 19 novembre 1942.

Et que dire de la figure héroïque de mère Marie ? Née Élisabeth Pilenko, cette femme, née en 1891, ancienne intellectuelle révolutionnaire et féministe, poétesse, elle aussi finalement convertie, avait prononcé ses vœux en 1932 après s'être séparée de son mari. Aussitôt, elle avait réaménagé une maison de la villa de Saxe, à Paris, en foyer pour femmes seules. Ce lieu d'accueil fut déménagé deux ans plus tard rue de Lourmel. Agrandi, il devint aussi le siège d'une association de bienfaisance, « L'Action orthodoxe ». Mère Marie en était la présidente. Vingt-cinq personnes y dormaient chaque jour et plus d'une centaine de repas quotidiens y étaient offerts aux plus déshérités. On y donnait aussi des cours d'Écriture sainte, d'histoire de l'Église, de théologie, etc. Une église y fut fondée dans les anciennes écuries avec, à sa tête, le père Dimitri Klépinine.

Avec la guerre, l'endroit devint un lieu de refuge pour les résistants et les juifs. Le père Klépinine signa de nombreux faux certificats de baptême pour permettre à ces derniers d'échapper aux traques des Allemands. Après la rafle des Juifs de la nuit du 15 juillet 1942, Mère Marie parvint à faire échapper quatre enfants du Vel'd'Hiv'. L'étau se resserra peu à peu sur le foyer. Le 8 février 1943, la Gestapo le perquisitionna. En l'absence de mère Marie, son fils Youra Skobtsov fut emmené en otage puis déporté, avec le père Klépinine, dans le camp de Buchenwald. Ils périrent à Dora en 1944.

Mère Marie fut arrêtée à son tour. Internée à Romainville, elle fut envoyée à Ravensbrück. Le 30 mars 1945, elle prit la place d'une de ses compagnes d'infortune et se mêla à un groupe de prisonnières promises à la chambre à gaz, offrant par là un ultime témoignage de son amour de l'humanité et de son esprit de sacrifice. Peu avant la fin, elle avait troqué sa maigre ration de pain contre du fil pour broder une icône de Vierge à l'enfant, de Marie tenant son fils dans ses bras, oui, mais son fils crucifié.

Wladimir était empli d'admiration pour tous ces Russes, religieux ou laïcs, qui faisaient don de leur vie pour lutter contre la barbarie nazie. Sa sympathie allait naturellement vers eux. Et pourtant. L'engagement de centaines de milliers de soldats russes derrière le général Vlassoff qui avait accepté de combattre aux côtés des troupes allemandes pour abattre le tyran communiste et la relative correction dont avaient fait preuve les nazis à son égard pendant la guerre suscitèrent des rumeurs sur son compte après la guerre. Wladimir fut suspecté d'avoir été sur le point d'accepter la proposition d'Hitler de lui « rendre » son trône et celui d'Ukraine en échange d'un appel aux Russes à lutter avec les nazis. Rien de plus faux, naturellement.

En mars 1944, les autorités allemandes prièrent, c'est-à-dire ordonnèrent à Wladimir de quitter la Bretagne « le plus rapidement possible, eu égard à la sécurité de Votre Altesse » pour reprendre les termes hypocrites de la Feldkommandantur de Rennes. Il s'exécuta et s'installa avenue Raymond-Poincaré à Paris pour quelques semaines. Puis il fut emmené en Allemagne puis en Autriche en 1944, après le débarquement allié en Normandie. Peut-être les Allemands envisageaient-ils de se servir de lui comme d'une éventuelle monnaie d'échange avec leurs prisonniers en Russie ? Plus sûrement, ce fut là le prix à payer pour ses déclarations d'indépendance et ses initiatives humanitaires en faveur des Russes déportés en travaux forcés sur tout le territoire de IIIe Reich et des prisonniers de l'Armée Rouge intégrés plus ou moins de force dans l'armée allemande et blessés au combat. À l'hôpital de Saint-Malo, il en avait rencontré quelques-uns dont il évoqua plusieurs fois devant moi le souvenir : « Les officiers allemands comprenaient parfaitement bien la situation de ces malheureux Russes, ces Ostarbeiter ainsi qu'ils les nommaient. Grâce aux contacts que j'avais avec ces officiers, pour beaucoup hostiles à Hitler comme certains le prouveront lors de l'attentat du 20 juillet 1944, je réussis à rencontrer les nôtres et à les aider en leur apportant des denrées et parfois de l'argent, mais aussi en écrivant à leurs familles. Le plus souvent, ils avaient surtout besoin de parler et de se sentir un peu soutenus moralement. Ma présence leur fut, je crois, d'un grand réconfort. On les avait installés dans un camp proche de Saint-Malo et sur l'île de Jersey. À la même époque fut nommé à la tête de la région militaire de Saint-Malo le colonel von Aulock. Je pouvais lui demander certaines choses car il avait connu dans sa jeunesse ma grand-mère, la grande-duchesse Maria Alexandrovna qu'il appelait toujours affectueusement tante Marie. »

La chance fit que les hommes de la Deuxième D.B. du général Leclerc arrivèrent les premiers en 1945 dans le village autrichien de Feldkirch où Wladimir avait été envoyé. N'ayant pas été invitée à signer les accords de Yalta, la France n'était pas tenue de « rendre à l'URSS » les citoyens russes ou d'origine russe qu'elle avait délivrés. Aussi Wladimir échappa-t-il au terrible sort réservé à des dizaines de milliers de ses compatriotes livrés à Staline en 1945-1946 par les troupes de libération anglaises et américaines.

Plutôt que de rentrer en France qui bruissait de rumeurs de coup d'État communiste, Wladimir prit un avion pour l'Espagne où il rejoignit sa tante Béatrice, sœur cadette de sa mère. Il s'installa pendant quelques mois au sud du pays, à Sanlucar-de-Barrameda, près de Yares sur l'estuaire du Guadalquivir. Jusqu'à un certain jour où il fut invité chez les Domecq en même temps que moi...

En 1948, il n'existait pas d'église orthodoxe à Madrid. Nos noces furent célébrées à l'église grecque de Lausanne, quelques jours après la cérémonie civile à Montreux, le 13 août. On parle souvent de mariages arrangés lorsque deux familles princières s'unissent. Jamais une telle formule fut moins appropriée. Nous nous aimions tellement que la perspective de nous épouser dans la plus stricte intimité, faute de moyens, nous était totalement égale. J'avais choisi mon frère Irakly pour témoin et le grand-duc, un ami du prêtre. Je portais un simple tailleur blanc.

Je souhaite à tout le monde de connaître le bonheur qui fut le nôtre plus de quarante-quatre ans durant. Pour en donner un aperçu, je confesserai ce simple détail. Nous ne nous sommes jamais écrit pendant toute la durée de notre mariage, mon mari et moi. Parce que jamais nous ne nous sommes séparés plus d'une journée.

La destination de notre voyage de noces était les Baléares, Palma de Majorque. À peine arrivés, nous fîmes la connaissance d'un journaliste mondain de très bonne famille, M. Filiou, à qui fut accordé notre premier entretien de jeunes mariés. Nous ignorions alors que nous deviendrions très amis de cet homme qui fut père de treize enfants !

Au bout de deux semaines, il nous fallut quitter les Baléares pour Rome où nous avaient invités dans leur hôtel particulier le comte et la comtesse Pasquini, les beaux-parents de mon frère Irakly. Après ce séjour, ils eurent l'amabilité de nous convier chaque année dans la capitale italienne ou dans leur propriété de Monte Catigni, endroit réputé pour ses cures.

À notre retour dans notre appartement de la rue Velasquez, près de chez mes parents, une mauvaise surprise nous attendait. L'annonce de notre union avait suscité un flot de critiques de la part de certains membres de l'émigration russe. Comme l'avait fait son père Kyril, Wladimir entreprit d'y mettre fin.

Non, ce mariage n'était pas morganatique. Oui, les Bagration étaient bien une famille de sang royal à qui l'intégration de la Géorgie à la Russie de Catherine II n'avait pas ôté son rang et ses prérogatives. Si tel avait été le cas, du reste, pourquoi n'en avait-on pas fait expressément part lorsque la princesse Tatiana Constantinovna de Russie avait épousé le prince Constantin Bagration de Moukhrani en 1911 ? Et pourquoi le même silence lors du mariage de mon frère avec l'infante Mercédès, fille du prince de Bavière ?

À tous ces gens à la mémoire courte, il fallut aussi rappeler que la présence de princes géorgiens au sein des armées impériales russes ne pouvait être synonyme d'une assimilation à la noblesse russe. Ou alors il faudrait considérer comme privés de leur rang dynastique un certain nombre de princes étrangers qui servirent les tsars au cours des siècles précédents, le futur Léopold Ier de Belgique, le duc Maximilien de Leuchtenberg, les princes d'Oldenbourg et de Mecklembourg-Strelitz, Jaime de Bourbon, Albert de Saxe-Cobourg-Gotha et futur mari de la reine Victoria, etc.

Par bonheur, les autres familles royales ne prêtaient aucune attention aux persifleurs. Ayant annoncé notre mariage à celles avec lesquelles nous possédions des liens de parenté, nous reçûmes la reconnaissance et les félicitations chaleureuses des membres de toutes celles que nous avions prévenues : Umberto d'Italie, Juan comte de Barcelone, Paul de Grèce, Gustave de Suède, Léopold III de Belgique, Otto de Habsbourg, Olaf de Norvège, etc. Une des lettres qui nous toucha le plus fut celle écrite à Wladimir de la main de la reine Wilhelmine des Pays-Bas et que j'ai conservée. Datée du 21 septembre 1948, elle avait été envoyée du palais Het Loo : « Cher neveu, acceptez mes sincères félicitations à l'occasion de vos noces. Je forme des vœux chaleureux pour votre bonheur et celui de votre jeune épouse. Vous serez certainement rentrés de votre voyage de noces, de sorte que j'envoie cette carte à Madrid. Avec mes amitiés à vous deux. Je suis votre tante affectionnée Wilhelmine. »

En janvier 1954, Wladimir informa officiellement par décret le monde de notre union et de la naissance, quelques jours plus tôt, de l'héritière unique du trône impérial de Russie, Maria.

« Les circonstances de l'époque m'ayant empêché de vous faire part en son temps de mon mariage avec la princesse Léonida Bagration de Moukhrani, princesse royale de Géorgie, lequel eut lieu le 13 août 1948 en l'église orthodoxe de Lausanne, j'ai grand plaisir de le faire à cette occasion, ainsi que la vive joie de vous annoncer que le 23 décembre 1953, mon épouse bien-aimée, la grande-duchesse Léonida, vient de mettre heureusement au monde une grande-duchesse qui portera le prénom de Maria. Ces heureux événements sont les premiers grands bonheurs après la douloureuse épreuve qui m'a frappé, ainsi que notre Maison, quand Dieu a rappelé à Lui mon père et prédécesseur bien-aimé, le grand-duc Kyril, le 12 octobre 1938. Aîné de la Maison impériale de Russie, je lui ai succédé dans tous ses droits à la Couronne de Russie. Connaissant les sentiments d'affection que Vous-Même et Votre Maison avez toujours professés envers les empereurs de Russie, mes prédécesseurs, et notre Maison, je suis sûr que Vous voudrez prendre part à notre joie... Wladimir. »

Là encore, toutes les familles royales régnantes — européennes, mais aussi asiatiques — et tous les chefs d'anciennes maisons souveraines nous transmirent leurs félicitations.

Sans exception.

10

Est-Ouest

Dès nos premières semaines de mariage, je compris combien Wladimir avait aimé ses parents. Aimé ou plutôt admiré, voire vénéré. C'est bien simple, il les considérait presque comme des saints. À tel point qu'il perdait toute notion d'objectivité lorsque leur souvenir était évoqué. Il n'aimait guère parler d'eux, même s'il se souvenait de chaque instant passé à leurs côtés.

Il voulait absolument régler son pas sur le pas de son père. Je crois que Wladimir avait été très marqué par les deux années de veuvage de Kyril. Sans sa femme, celui-ci était devenu l'ombre de lui-même, et mon mari en avait éprouvé une peine immense. Il s'était fait un point d'honneur à ne pas le laisser dépérir seul dans sa maison de Saint-Briac. Il se dévoua sans bornes pour lui, l'emmenant même aux sports d'hiver au milieu des amis de son âge.

Leur complicité se fit encore plus éclatante lorsque le grand-duc Kyril entreprit d'écrire ses mémoires. L'occasion de s'expliquer, une dernière fois et pour la postérité, sur sa vie et ses engagements. Ce livre était avant tout destiné à son fils qui le comprit parfaitement. Son père ayant disparu avant d'avoir eu le temps d'en terminer la rédaction, ce fut Wladimir qui mit le point final au texte inachevé en rédigeant la partie consacrée aux années 1917-

1938 du livre, paru en anglais, sous le titre *My life in Russia's service*. Plus que jamais aujourd'hui, je partage ses mots de conclusion en forme d'hommage posthume à la vie et à l'œuvre de son père : « Je ne doute pas une seconde que l'Histoire saura reconnaître à sa juste valeur l'œuvre qui fut celle de mon père et son haut sens du devoir comme membre de la Maison impériale et comme patriote sincère. Les années passeront. La Russie sera un jour délivrée du régime de terreur qu'elle doit supporter aujourd'hui. Je suis confiant dans le fait qu'elle retrouvera sa forme de gouvernement naturelle au terme des expériences qu'elle aura connues avec les différents usurpateurs de pouvoir qui se seront succédé à sa tête. Le peuple russe reconsidérera alors les mérites de mon père qui, avec son sens du sacrifice et une lucidité jamais démentie, se jeta dans la bataille pour sauver la Russie en la guidant sur la voie de la Vérité. Il leva haut l'étendard de la monarchie, qui est aussi, pour la Russie, son drapeau national. L'emblème de la quiétude, du progrès et de la prospérité. Et une garantie de paix pour toute l'Europe. »

Le souvenir de sa mère Victoria-Mélita était tout aussi vif dans la mémoire de Wladimir. Sa caractéristique première, à ses yeux, avait été son esprit de compassion pour autrui. Forte personnalité, elle ne s'en était pas moins montrée toujours d'une très grande tendresse à l'égard de ses enfants. Femme de goût, elle s'était intéressée à tous les arts. Victoria-Mélita avait elle-même peint des natures mortes, cousu des tapisseries et réalisé des miniatures sur émail. Elle avait même créé dans les années 30 une collection de bijoux inspirée du style Art nouveau.

Sa détermination et son dynamisme furent d'un grand secours pour mon beau-père dans son rôle de chef de la maison impériale de Russie. Elle était sans nul doute dans la droite lignée des femmes de la famille Romanoff comme la grande-duchesse Maria Pavlovna, qui brillait par son intelligence, sa curiosité et sa culture. Ma belle-mère avait ces qualités-là même si elle garda toujours un côté plus rêveur, plus artistique.

Tout l'amour que portait Wladimir à ses parents ne pouvait que me toucher, moi qui, en ces années terribles, allait perdre coup sur coup mon père et ma mère.

Je ne crois pas me tromper en affirmant que Wladimir retrouva un peu de sa mère en moi. Dès nos premières rencontres et surtout lorsqu'il me parut clair que je serais sa compagne pour la vie, je poussai le grand-duc à prendre mieux conscience de ses responsabilités et à s'imposer au sein de l'émigration russe. Je réorganisai moi-même son secrétariat et contribuai à établir sa chancellerie, ce qui eut pour premier effet de faire comprendre à mon mari combien son rôle était important à en juger par le nombre de lettres qu'il se mit soudain à recevoir du monde entier.

On put souvent me reprocher cette fougue dont on estimait par ailleurs qu'elle manquait souvent aux mélancoliques Romanoff. J'ai eu à accepter et j'accepte volontiers ce « reproche » parce que cette énergie que je dépensais auprès de mon mari n'avait pas pour but de me mettre en avant. Venir en aide à mon pays à travers l'action de mon mari et aux Russes de Russie, de France et d'ailleurs, par mon action au sein d'œuvres et d'associations, telles étaient mes seules ambitions. Du reste, j'ai toujours gardé en mémoire ce que m'avait dit le grand-duc André lorsque je le rencontrai pour la première fois à sa descente du train à Madrid. D'abord, ne jamais oublier ma première mission auprès de Wladimir et qui était de le protéger. Ensuite faire mon devoir et tâcher de suivre en toutes circonstances le bon chemin, « car il mène toujours à la Vérité ». Enfin ne pas prêter attention aux reproches qui ne manqueraient pas d'être formulés à mon encontre. Il ajouta : « Tout comme feu la dernière impératrice, tu auras à souffrir des critiques acerbes. Ne les écoute pas. »

Je crois y être assez bien parvenue. Ce fut en tout cas l'avis du grand-duc André que je revis quelques années plus tard chez lui à Paris. Me prenant à part au cours d'une soirée, il me révéla son heureuse surprise : « Je ne sais pas ce que tu as fait à mon neveu, mais je le trouve transformé. Il s'intéresse à tout et comprend parfaitement désormais quelle est sa tâche. »

Pouvait-on imaginer plus beau compliment ?

Par son allure et sa taille (1,81 mètre), Wladimir ressemblait physiquement à son arrière-grand-père, le tsar Alexandre II. Terriblement séduisant, il n'était pas un caractériel. Mesuré en toutes choses, il faisait montre d'un équilibre rarement mis en défaut. Son visage était austère, presque fermé et sa voix profonde et hachée. D'apparence froide, il pouvait faire preuve d'une bonhomie surprenante. Par son allure et ses tenues vestimentaires, il faisait immanquablement penser à quelque lord britannique installé en France.

Wladimir avait deux sœurs, Maria et Kyra, avec qui je me suis toujours très bien entendue. Elles m'acceptèrent immédiatement au sein de leur famille.

Maria, que nous surnommions Machka, était née à Cobourg le 2 février 1907. À dix-huit ans, elle avait épousé le prince Karl de Leiningen, un garçon issu de la très vieille maison seigneuriale de Saargau, descendant du comte de Saarbrücken. Ils vivaient dans le château d'Amorbach, en Basse-Franconie. Fait prisonnier par les Soviétiques, Karl mourut dans un camp à Saransk à la fin de la guerre.

Bien que très attachée à feu son mari, à ses enfants et à sa patrie, Machka décida un jour de se convertir au catholicisme. Ce choix était né d'une rencontre avec un prêtre au terme d'une longue maladie. L'homme l'avait littéralement subjuguée. Cette décision heurta sa belle-famille qui gela ses rapports avec elle. Elle vint s'installer chez nous à Madrid. Je remarquai très vite qu'elle n'allait pas bien du tout et demandai à un médecin de venir la voir. Son diagnostic fut immédiat et terrible. Maria souffrait du cœur et pouvait mourir dans les prochains jours. Avant qu'il ne fût trop tard, il suggéra qu'on l'envoie auprès des siens en Allemagne. Nous n'en eûmes pas le temps. Le surlendemain, elle m'appela en pleine nuit alors que mon mari dormait, lui-même souffrant. Je pus juste la bercer un peu dans mes bras et l'entendre soupirer « maman » avant qu'elle ne ferme définitivement les yeux. C'était le 27 octobre 1951.

Wladimir et moi ne possédant pas de visas, il nous fut impossible d'accompagner son corps en Allemagne et d'assister à ses obsèques. Cela nous coûta d'autant plus que sa belle-famille refusa d'assister à son enterrement religieux en raison de sa conversion. Une attitude que, cinquante ans plus tard, j'ai encore du mal à comprendre et à accepter.

Machka était une femme assez réservée. Elle n'était pas très jolie mais elle brillait d'un éclat indiscutable. Son mari était gentil et courtois. Très fortuné, il resta toujours un homme d'une profonde simplicité et d'une générosité immense envers les malheureux.

Elle avait fui la Russie dans les bras de mes beaux-parents à l'âge de dix ans et avait gardé des souvenirs très précis de son enfance là-bas. Elle est toujours restée attachée à sa culture d'origine. Elle pouvait parler pendant des heures de littérature ou d'art russe et elle ne s'en privait pas, en particulier devant ses enfants qu'elle éleva dans le culte et le respect de leurs origines maternelles.

Avec moi, Machka fit toujours preuve d'une grande affection. Elle avait un côté protecteur que j'appréciais. Un jour, un homme se permit de saluer mon mari avant moi et c'est elle qui a bondi comme un diable de sa boîte pour rappeler à notre interlocuteur où se trouvait la politesse. « Monsieur, lui a-t-elle dit sèchement, vous saluez d'abord Son Altesse Impériale la grande-duchesse et ensuite seulement son mari. Chez nous, les femmes passent avant. »

Mon autre belle-sœur, Kyra, était née à Paris le 9 mai 1909. Elle était très proche de sa mère dont elle avait hérité l'intelligence et le caractère parfois autoritaire. Derrière le masque de dignité de Victoria-Mélita, sa fille cadette avait deviné certaines souffrances et les partageait sans qu'elle en sût forcément l'origine. Dans les dernières années de sa vie, l'épouse de Kyril ne semblait trouver un peu de bonheur sincère que dans la compagnie de sa généreuse sœur, Marie de Roumanie, la mère du roi Carol. Kyra l'avait bien vu, qui, dès que son emploi du temps le lui permettait, quittait Paris où elle poursuivait ses études pour retrouver sa mère à Saint-Briac. Finalement, elle l'emmena en Allemagne chez Marie avec l'espoir qu'elle reprendrait un peu goût à la vie. Cela ne se fit pas et Victoria-Mélita mourut dans les bras de ses deux filles sans émettre la moindre plainte, la moindre volonté dernière.

La mort de sa mère fut une épreuve terrible pour Kyra. Parce qu'il y avait eu entre elles une complicité mais une complicité non dite qui s'appuyait sur des impressions plus que sur des certitudes, elle était très tourmentée. Sa douleur n'en rehaussait que plus sa beauté à la Ingrid Bergman qui lui valait de nombreuses demandes en mariage. Elle les écarta aimablement mais fermement jusqu'à celle de Louis-Ferdinand de Prusse, fin 1937.

Louis-Ferdinand, que nous surnommerons toujours Lulu, était un drôle de personnage. Un corps de colosse surmonté d'un visage d'acier élargi par des oreilles décollées, mais une gentillesse et une modestie, ma foi, peu répandues chez ses grand-père et père Guillaume II et le Kronprinz. Au terme d'une éducation à la fois libérale et classique, il avait gagné son surnom de « prince rebelle » en optant pour une vie un peu aventurière. Détaché des responsabilités dynastiques par son statut de fils cadet, il émigra une première fois aux États-Unis où il s'éprit follement d'une actrice d'Hollywood, Lily Damita — qui finirait dans les bras d'Errol Flynn. « Ce n'est pas une femme qu'on épouse, disait d'elle, connaisseur, le Kaiser, mais on ne peut pas tenir rigueur à un jeune homme d'en tomber amoureux. » S'ensuivirent plusieurs séjours dans des pays d'Amérique latine, l'obtention d'un doctorat de philosophie à l'université de Berlin et un retour en Amérique, où il se fit embaucher pour travailler à la chaîne dans une usine Ford.

Après le mariage morganatique de son frère Guillaume, Louis-Ferdinand se retrouva héritier direct du Kronprinz et opta pour un mode de vie plus compatible avec sa nouvelle responsabilité. Ce fut dans son sage costume de cadre de la compagnie aérienne Lufthansa qu'il fit connaissance de Kyra au cours du mariage de Marina de Grèce et du duc de Kent. Le 2 mai 1938, les jeunes gens, très épris l'un de l'autre, se marièrent à Potsdam selon le rite orthodoxe. Puis, deux jours plus tard, à Doorn, selon le rite évangélique. Ils partirent en voyage de noces aux États-Unis où le président Roosevelt les reçut en grande pompe.

L'arrivée d'Adolf Hitler au pouvoir, en janvier 1933, n'avait guère plu à Louis-Ferdinand qui, depuis toujours, avait fréquenté de nombreux Juifs au nombre desquels ses précepteurs ainsi que des amis artistes et écrivains. Il milita donc, et activement, dans les cercles antihitlériens. Quand commença la guerre, il accepta de faire son devoir de soldat en tant que pilote de transport et moniteur de pilotage sans visibilité, mais se lia avec les membres de l'armée et de l'aristocratie qui cherchaient à éliminer le Führer. En 1941, on le chassa de l'armée et il fut envoyé en résidence surveillée en Prusse orientale. Là-bas, il apprit, effondré, l'échec du complot du 20 juillet 1944 à la préparation duquel avaient participé tous ses amis des réseaux antinazis des années 30. La Gestapo vint même l'interroger sur son éventuelle complicité.

Fuyant l'avancée des troupes de l'Armée Rouge, Louis-Ferdinand, Kyra et leurs enfants — au total, ils en eurent sept — rejoignirent Brême où le prince avait noué de nombreux contacts d'affaires avant-guerre.

Kyra était beaucoup moins « russe » que sa sœur. Ce fut pourtant elle qui nous a salués la première, mon mari et moi, après notre mariage. Elle mourut dans notre maison de Saint-Briac en 1967. Une affaire assez étrange. C'était la fin de l'été et elle était venue avec son mari ainsi que son fils passer quelques jours de vacances en Bretagne.

Après le départ des deux hommes, nous l'avions laissée seule, Wladimir et moi, pour aller présider une soirée de bienfaisance à Biarritz. Une heure avant le début de la cérémonie, ma femme de chambre m'appela pour m'annoncer que Kyra, victime d'une embolie cérébrale, avait été transportée d'urgence à l'hôpital. Elle était dans le coma. Elle décéda quelques heures plus tard. Elle avait cinquante-sept ans.

En demandant des détails sur les circonstances de l'accident, j'appris que Kyra avait passé sa journée à ouvrir tous les tiroirs des meubles de la maison. « Ce sont des souvenirs que je cherche », s'était-elle exclamée lorsque ma femme de chambre lui avait proposé son aide. Nous n'avons jamais su ce qu'elle espérait trouver et si elle l'avait trouvé. Des correspondances de son père ? De sa mère ? À lire ? À détruire ? Le mystère est parti avec elle dans la tombe.

Elle avait voulu être incinérée. Encore une étrange initiative. La cérémonie se déroula dans une chapelle, mais non selon le rite orthodoxe. Son cercueil était recouvert de dizaines de bouquets de fleurs magnifiques. Soudain, le sol s'ouvrit, le cercueil disparut et nous vîmes remonter au bout d'une demi-heure... un vase ! Je faillis m'évanouir devant une mise en scène aussi macabre. Puis ses restes furent transportés au château de Burg des Hohenzollern.

Les années 50 furent l'époque du communisme triomphant. Partout dans le monde éclataient des révolutions victorieuses se réclamant de la pensée de Marx, Engels et Lénine, et de l'action de Staline. À l'Ouest, sinon en Espagne où nous vivions neuf mois de l'année, on faisait la chasse aux intellectuels osant critiquer le système soviétique.

Nous passions nos étés à Saint-Briac et je rageais de voir tant de grands écrivains et d'artistes français chanter les louanges de l'Union soviétique. Henri Barbusse, prix Goncourt, avait montré la voie dans les années 20 en publiant un livre sur « la merveilleuse Géorgie » dont on sait le prix humain qu'elle avait payé au Moloch communiste. Voici que Louis Aragon, vingt ans après son vœu de voir un Guépéou français créé (« Je chante le Guépéou nécessaire de France/Je chante les Guépéous de nulle part et partout/Je demande un Guépéou pour préparer la fin d'un monde »), en arrivait à publier des poèmes grotesques à la gloire de Staline. Et Saint-Germain-des-Prés d'applaudir à ses vers !

Que connaissaient-ils du monde communiste et de ses dirigeants, tous ces intellectuels « engagés » ? Pensaient-ils sincèrement que ce qu'on voulait bien leur montrer là-bas lors de séjours organisés par le parti communiste français correspondait à la réalité ? Ayant vécu en Russie soviétique jusqu'à l'adolescence, je savais, moi, ce que signifiait vivre dans un État policier et totalitaire, tout vainqueur qu'il ait été du nazisme. Je savais l'angoisse qui vous saisit la nuit lorsque vous croyez avoir entendu frapper à votre porte — et ce ne peut être que la Tcheka, le Guépéou ou le NKVD. Je savais la terreur de voir son père emmené en prison et celle de le croire mort. Eux ne le savaient pas ou, pis, faisaient mine de ne pas le savoir.

Wladimir m'avait laissée lui raconter mon expérience en URSS. Il avait compris que sa responsabilité politique était de ne jamais l'oublier, quelles que fussent les illusions des uns et des autres. L'immense sacrifice des Russes dans la lutte contre Hitler avait considérablement redoré le bla-

Le grand-duc Wladimir, à l'époque de notre première rencontre à Paris.

A DROITE. Ensemble dans notre appartement de la rue Vélasquez à Madrid.

La naissance de ma seconde fille Maria, le 23 décembre 1953, fut l'une de mes plus grandes joies.

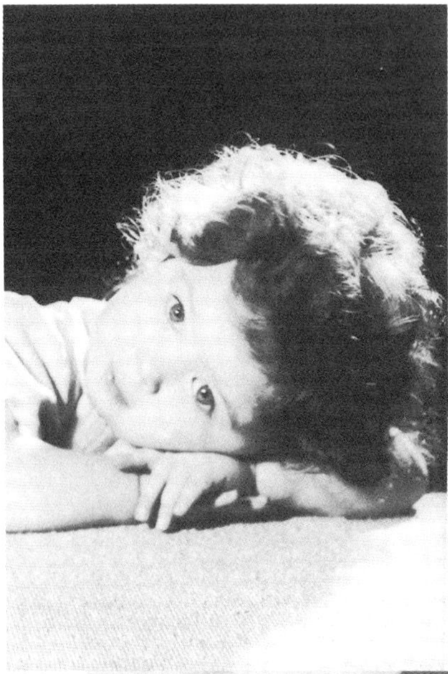

A différents moments de
ma vie, dans les années 50.

En haut. A Saint-Briac en 1953, quelques semaines après la naissance de Maria, avec mon mari, ma belle sœur Kyra et son époux le prince Louis-Ferdinand (Lulu) de Prusse et leurs sept enfants.

En bas à gauche. A Berlin, en 1965, avec mon beau-frère, Louis-Ferdinand, à l'occasion du mariage de sa fille Marie-Cécile.

En bas à droite. Avec le général Franco et son épouse.
Dans notre villa de la rue Guisandro à Madrid avec Wladimir et Maria, dans les années 70.

© G. Schmidt

Mariage de ma fille Maria avec le prince Franz-Wilhelm de Prusse,
le 22 septembre 1976, à Madrid, en présence du roi et de la reine d'Espagne.

Le baptême de Gueorgui.

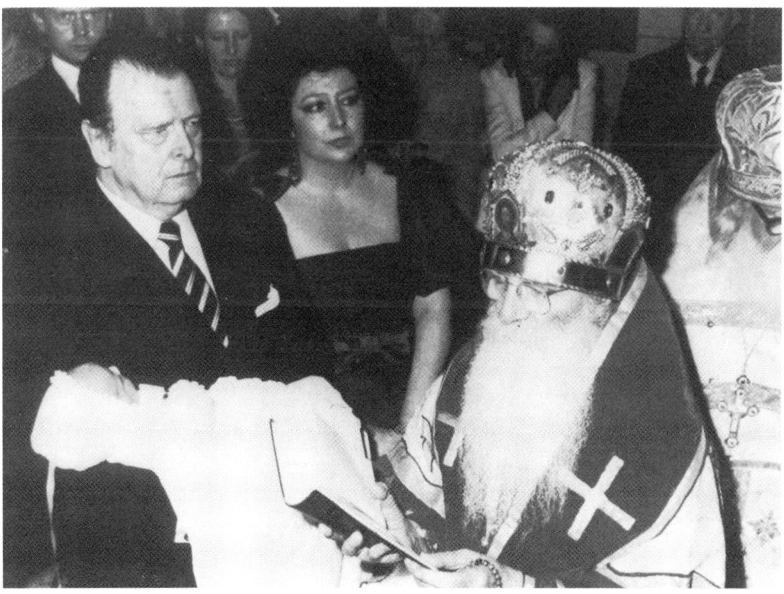

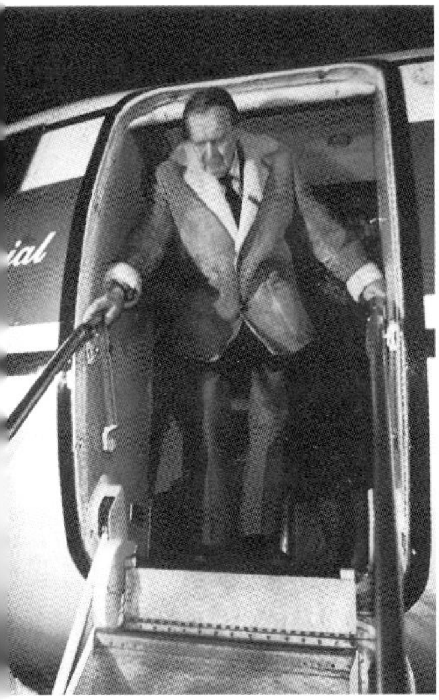
© GAMMA

© GAMMA

© GAMMA

Notre retour en Russie,
le 7 novembre 1991.
Recueillement sur
la tombe du tsar
Alexandre II.
Rencontre avec
le patriarche Alexis II
et visite d'orphelinat.

© M. Sestini / GAMMA

EN HAUT. A Moscou, pendant l'été 2000, avec ma fille et mon petit-fils.

A DROITE. A Paris, entrevue avec Mme Eltsine.

EN BAS À GAUCHE. A Saint-Pétersbourg, dépôt d'une gerbe de fleurs à la mémoire des martyrs de la Révolution.

EN BAS À DROITE. A Moscou, lors de la cérémonie pour la canonisation de l'empereur Nicolas II et de sa famille.

Avec ma fille Maria.

Me promenant avec mon petit-fils, Gueorgui.

EN HAUT. En grande tenue.

son de Staline. À la fin de la guerre, beaucoup d'observateurs voulurent croire qu'il avait changé puisqu'il avait accepté de collaborer avec les Alliés. C'était comme si les deux ans de neutralité de l'URSS vis-à-vis de l'Allemagne n'avaient jamais existé. Ou comme si aucun mouvement de résistance digne de ce nom n'avait été créé avant l'entrée en guerre des communistes européens. Et de Gaulle ? Et le général serbe Mihailovitch ? Et l'Armée secrète polonaise (AK) ?

Profitant du mouvement de sympathie général des mois suivant la capitulation allemande, Staline fit publier un décret par le Soviet suprême le 14 juin 1946. Nous en prîmes connaissance le 22 juin, date à laquelle il fut publié dans *Les Nouvelles russes*. Il invitait tous les exilés vivant en France, qu'ils fussent d'anciens sujets de l'Empire russe ou des citoyens ayant fui l'Union soviétique, à rentrer au pays où leur serait octroyée ou rendue leur citoyenneté soviétique. Près de dix mille personnes tombèrent dans le panneau dont des non-Russes accompagnant leurs proches. Ils ne comprirent leur erreur qu'une fois le pied posé sur le sol russe. Soupçonnés d'être, *a priori*, des espions capitalistes, ou, à tout le moins, d'avoir trop longtemps vécu en Occident pour ne pas être suspects, leur destin à presque tous fut identique : la mort ou la rééducation dans un camp, c'est-à-dire le goulag. Le réalisateur français Régis Wargnier a très bien raconté ce tragique miroir aux alouettes dans son film *Est-Ouest*, sorti en France en 1999 et en Russie il y a quelques mois.

Wladimir ne fut pas dupe et décida de publier régulièrement des manifestes et des lettres ouvertes à l'opinion publique après la guerre pour appeler à la vigilance. Non, Staline n'était pas devenu un doux agneau. Oui, son ambition demeurait l'exportation de son « modèle » dans le monde entier et le durcissement du régime communiste à l'intérieur des frontières soviétiques. Oui, si l'on n'y prenait garde, l'Europe aussi tomberait sous le joug communiste dans les prochaines années. En Pologne, en Roumanie, en Bulgarie, en Yougoslavie, en Tchécoslovaquie, en Hongrie, en Allemagne — ce qui arriva —, mais aussi en Italie, en Grèce ou en France — ce qui faillit arriver.

Ses écrits, toujours empreints d'un souci d'union, étaient publiés au moment des fêtes religieuses comme Pâques ou la Nativité mais aussi à l'occasion d'anniversaires symboliques : la naissance de la Russie, l'abolition du servage et la libération des paysans, la campagne de 1812 contre Napoléon, l'arrivée sur le trône du premier Romanoff, etc. J'ai gardé un certain nombre de ces documents comme le message de Noël que Wladimir adressa aux hommes et femmes de Russie en 1948. « Le moment me paraît opportun aujourd'hui, écrivit-il alors, de vous dire, clairement et fermement, que le temps est venu où chacun de vous, à quelque confession et à quelque famille qu'il appartienne, et quelles que soient ses convictions, a le devoir de s'engager dans un service actif de la Patrie, de mettre fin aux dissensions et aux rivalités malfaisantes. L'émulation est indispensable, mais seulement sur la voie d'un service désintéressé de la Patrie. Nous n'avons qu'un seul ennemi qui étouffe notre peuple, qui exploite d'une façon criminelle les forces vives de la nation ainsi que son héritage et ce, non pour le bien de la Russie, ni pour la paix du monde, mais dans le dessein de préparer une nouvelle guerre mondiale, et de propager le communisme sur la planète entière.

Tous, aujourd'hui, doivent prendre conscience qu'il

n'est pas de système d'exploitation des travailleurs plus raffiné que le système soviétique.

Il est vain de penser que ceux qui sont la cause de notre malheur et de notre dispersion, les usurpateurs du pouvoir en Russie et les oppresseurs de notre peuple, sont immuables et tout-puissants [qui osait avancer cela à l'époque sans crainte du ridicule ?]. Leur force ne réside que dans la désunion des forces qui leur résistent, dans l'incompréhension qui perdure de la nature criminelle du bolchévisme.

[...] Par notre exemple, nous devons montrer qu'entre le pouvoir soviétique et le peuple russe, il n'y a rien de commun. Dans le combat à venir, le peuple russe doit être reconnu comme l'allié le plus précieux des forces anticommunistes afin que l'erreur fatale qui a plongé la Russie et le monde entier dans un abîme de souffrances et d'affliction après la Seconde Guerre mondiale ne se répète pas.

[...] Ayant en permanence, devant les yeux, le noble exemple de mes ancêtres (avant tout celui de mon aïeul, le Tsar libérateur), je vous appelle à une plus grande compréhension mutuelle, à un soutien fraternel, afin qu'après bien des années de luttes intestines, de mensonge et de trahison, notre tradition séculaire de Foi et de Loyauté puisse ressusciter et s'affermir dans le cœur des Russes.

Que le Seigneur vous aide ! »

De temps en temps, nous recevions la visite discrète de Russes désireux de se mobiliser contre le régime stalinien. Des exilés, bien sûr, mais aussi, des citoyens soviétiques en voyage. Le risque était très grand pour eux et ils prenaient toutes les dispositions pour que leur venue ne s'ébruite pas.

Le danger était moindre pour nous mais réel. Staline

avait déjà fait enlever des opposants dans les démocraties occidentales et nous savions que notre tour viendrait peut-être un jour. À plusieurs reprises, la police française nous demanda de ne pas sortir de chez nous car une voiture avait été repérée à proximité de notre maison après avoir été aperçue suivant notre véhicule sur les routes de la région. Un jour, nous fûmes même ramenés de Paris à Saint-Briac dans une voiture du ministère de l'Intérieur qui estimait plus facile de nous surveiller et de nous protéger en Bretagne que dans la capitale.

Il y a quelques années, un ami a pu consulter les archives d'État de l'ex-URSS. Il a découvert que chacun de nos faits et gestes, chacune de nos rencontres, étaient connus des services secrets soviétiques. Nous étions en réalité sous surveillance vingt-quatre heures sur vingt-quatre.

L'appartement que nous habitions à Madrid se composait d'un grand salon, une salle à manger, quatre chambres à coucher, trois salles de bains et deux chambres pour les domestiques. Comme d'habitude, je m'étais occupée moi-même de la décoration.

À l'instar de mon père en Géorgie, je veillais à ce que nos rapports avec le personnel de maison soient empreints de simplicité et de respect mutuel. Pour exigeante que l'on peut se montrer lorsqu'on est une Romanoff, il n'est pas nécessaire d'être inutilement sévère et hautaine. Cette attitude me valut un jour une mésaventure cocasse. Mon chauffeur m'avait conduite en Rolls chez un coiffeur en ville. Dès mon arrivée, celui-ci me passe une communication téléphonique. Il s'agissait de ma cuisinière m'annonçant, très ennuyée, qu'elle avait oublié d'acheter des pois chiches pour le dîner. « Je m'en occupe », la rassurai-je. Et me voilà entrant dans une épicerie voisine pour acheter des pois chiches. Au moment où le vendeur me tend un paquet, surgit à grandes enjambées le responsable du magasin. Il m'arrache des mains le paquet et passe un savon à son employé. « Imbécile, lui hurle-t-il au visage, ce n'est pas le bon. Ça, c'est pour les ouvriers, pas pour une dame de qualité. » Et l'homme de se confondre en excuses et de me donner une autre marque de pois chiches. Pendant toute la scène, je restai muette, mes connaissances en pois chiches étant très limitées. Ce ne fut qu'à mon retour à la maison que l'on me fit comprendre que je venais d'acheter les pois chiches les plus chers de toute la ville — et vraisemblablement de toute l'Espagne.

De façon générale, il était alors très mal vu en Espagne qu'une dame de la haute société fasse elle-même ses courses. En particulier dans les magasins d'alimentation. Je l'appris aussi à mes dépens après avoir remarqué un étalage de primeurs magnifiques dans la rue. J'entrai dans le magasin et achetai des raisins auxquels il était impossible de résister. En sortant, je tombai sur une connaissance qui ne put se retenir de me lancer, mi-amicale, mi-ironique : « Eh bien ! Il faut être une grande-duchesse pour se permettre d'acheter du raisin au marché. »

Ainsi se déroulait ma vie quotidienne après la Seconde Guerre mondiale. L'un de mes grands plaisirs était de cuisiner pour Wladimir qui, en fin gourmet, raffolait de la cuisine géorgienne. Notre gastronomie est en effet une des plus riches du Caucase, et ce n'est pas pour rien que notre pays est placé sous le signe de la Toison d'or. Produits frais, herbes, épices s'y mêlent dans un ensemble qui pourrait également rivaliser avec le régime « crétois » et qui rend plus sûrement centenaire. Qu'on y pense : les hors-d'œuvre de légumes grillés, aubergines, poivrons, courgettes, ou pochés, betteraves, poireaux, en sauce aux noix ou la grenade, le disputent au bœuf séché et assaisonné, et aux poissons d'eau douce, traités à la vapeur, ou encore au *Kachapouri*, tourte aérienne au *soulougoni*, fromage de nos montagnes ; suivent les soupes, le *kartcho*, agneau, riz et aneth, le *chikhirtma*, à l'œuf et au citron ; viennent les viandes, les fameux *chachliks*, brochettes d'agneau mariné, le *satsivi*, dinde froide à la coriandre, et bien sûr, le faisan à la géorgienne dont la recette fut adoptée à Paris dès le XIXe siècle : vin rouge, thé vert, jus de mandarine ainsi que raisins, noix, laurier pour entourer, dans un faitout d'argile, un beau volatile déjà savamment rôti ; arrivent alors les desserts, dont certains safranés, qu'ont précédés les fruits indispensables, de toutes sortes ; l'ensemble accompagné, bien sûr, de pain *lavash*, plat, en forme de crêpe, tout droit sorti du four, et d'un excellent rouge *Isabella* dont Pouchkine, déjà, disait le préférer au meilleur bourgogne.

Mais un repas géorgien, c'est aussi l'hospitalité, la joie et l'abondance sans limites, le concours des *Tamada*, les porteurs de toast qui enchaînent déclamation sur preuve d'éloquence, le *Kanzi*, la corne remplie de vin, qui passe d'un hôte à l'autre. C'est, enfin et surtout, une fête, une communion où les chants, au dessert, valent n'importe quel digestif tant ils réchauffent l'âme.

Oui, j'étais heureuse de voir le bonheur de Wladimir lorsque je m'étais affairée moi-même à lui préparer ces mets, cette atmosphère qui symbolisaient notre union, celle entre la Russie et la Géorgie.

Les années, toutefois, passaient et avec elles, l'angoisse de ne pas donner un héritier à Wladimir. Jusqu'à un pèlerinage sur la tombe de saint Nicolas, à Bari, début 1953. C'est dans cette ville portuaire du sud de l'Italie que ses reliques ont été conservées. J'avais toujours eu un faible pour le patron de la Russie et des petits enfants, très populaire chez les orthodoxes. J'en fus récompensée. Quelques semaines après notre retour, mon médecin m'annonçait l'heureuse nouvelle. J'étais enceinte et l'enfant arriverait, si tout se passait bien, aux alentours de Noël. Comme un enfant du Bon Dieu ! Depuis ce jour, je garde sur moi une icône de saint Nicolas.

Ma grossesse fut très difficile. Je dus rester allongée pendant huit mois, ce qui, pour une femme de tempérament plutôt dynamique, représente une souffrance supplémentaire. Par bonheur, la reine Giovanna de Bulgarie me fit la gentillesse de venir passer de très nombreux après-midi à la maison pour me tenir compagnie. Le médecin m'avait dit que l'enfant ne pourrait être sauvé qu'à la condition que je reste alitée. Le sacrifice en valait la peine.

Pouvais-je deviner que cette situation servirait de prétexte aux mauvaises langues et aux esprits malfaisants ? Une rumeur naquit selon laquelle je n'étais pas enceinte et prétendais devoir demeurer allongée pour demeurer cachée aux yeux de tous et éviter que le pot aux roses ne fût découvert. Le médecin lui-même prit l'initiative de démontrer le contraire en m'autorisant un jour à me lever. « On prétend que vous n'attendez pas d'enfant et que vous allez en adopter un, raison pour laquelle vous ne sortez pas de la maison. Vous allez donc vous montrer afin de faire taire ce mensonge. Vous irez au club de golf et dans d'autres lieux publics, puis vous reviendrez. » Malgré cela, nous demandâmes à deux témoins dont un était officier d'être présent le jour de mon accouchement afin qu'il y ait un témoin indiscutable de ma maternité.

C'était le lot de certains milieux aristocratiques ainsi que d'une partie de l'émigration russe de faire courir des bruits comme si, plus encore que les bolcheviks, ils étaient attachés à la destruction des Romanoff.

Grâce à Dieu, et à saint Nicolas, mon bonheur était ailleurs.

Maria naquit le 23 décembre 1953 dans la clinique madrilène où vinrent au monde la plupart des enfants de la famille royale espagnole. La naissance était prévue pour le jour de Noël mais, ayant appris que le médecin qui m'avait accompagnée pendant toute ma grossesse partait ce jour-là en vacances, je fis avancer l'événement de vingt-quatre heures afin qu'il fût présent.

Nous nous étions facilement accordés sur le prénom de notre fille, Wladimir et moi ; je l'aimais beaucoup et il avait été porté par ses deux grand-mères. Ce ne serait pas là un motif de dispute.

Nous choisîmes la reine Giovanna de Bulgarie pour marraine et le grand-duc André, oncle de Wladimir, pour parrain. Malade, celui-ci se fit représenter par le prince Nicolas de Roumanie lors du baptême, quarante jours après la naissance de Maria.

Sa nurse s'appelait Hanny Vögelin. Originaire de Chafouze, suisse-allemande, elle parlait aussi le français. Elle ne devait s'occuper de notre fille que pendant quelques mois mais elle resta finalement cinq ou six ans auprès d'elle. Hanny, très sévère mais juste, apprit à lire et à écrire à Maria qui ne fut envoyée à l'école qu'à l'âge de sept ans. Cela ne lui fut pas du tout un handicap et il y avait toujours une préceptrice à son côté lorsque nous l'emmenions en voyage avec nous.

Toute petite, Maria adorait venir à Paris chez le grand-duc André, villa Molitor. C'était une maison enchanteresse dotée de verrières et de jardins d'hiver. Mais, ce dont elle raffolait par-dessus tout, c'était la tortue Rosalie qui vivait là. Apprivoisé, l'adorable animal venait prendre le thé avec nous, se laissait caresser et chipait même les gâteaux qui traînaient sur la table !

Maria grandit rue Velasquez, à deux rues de l'appartement que j'avais acheté lorsque j'étais arrivée en Espagne et que j'avais laissé à mes parents après mon mariage. Nos fenêtres donnaient sur le jardin de l'hôtel particulier occupé par l'ambassade d'Italie. Ma première fille, Hélène, vivait aussi avec nous. Elle hésitait alors entre des études de puéricultrice et de bibliothécaire.

L'école primaire à Madrid puis l'école britannique avant de terminer ses études à Oxford, selon le vœu de son père qui avait gardé un excellent souvenir de son expérience dans la prestigieuse école anglaise : tel fut le parcours académique de Maria. Pour la faire inscrire au Lady Margareth Hall, le plus ancien collège oxonien Wladimir avait demandé à sa cousine la reine Élisabeth d'intervenir, ce qu'elle fit avec la plus grande gentillesse. Maria demeura quatre ans dans cette université. La première année, elle logeait avec nous dans une villa que nous louions à Boars Hill, puis elle voulut s'inscrire à l'internat afin de partager la même vie que ses camarades. Wladimir et moi décidâmes cependant de rester en Angleterre pendant toute sa scolarité, de 1971 à 1975. Nous rentrions tous les trimestres dans notre appartement de Madrid. Le voyage durait deux ou trois jours, par bateau. C'était pour moi l'occasion d'assouvir pendant quelques heures ma passion du jeu héritée de mon père car il y avait un petit casino à bord.

Nous louions un *cottage* typique près d'Oxford. Le premier soir où nous y avions dormi, j'avais entendu des bruits bizarres derrière la porte d'entrée et nous avions failli quitter l'endroit dès le lendemain. J'étais persuadée qu'il s'agissait de rats. Après enquête, il s'agissait en fait d'écureuils. Nous sûmes les apprivoiser et ils devinrent de véritables animaux de compagnie. Ils rentraient et sortaient de la maison en toute liberté, et venaient même parfois nous réveiller le week-end en criant devant la fenêtre de notre chambre.

Pendant notre séjour, Élisabeth nous convia un après-midi à Buckingham Palace pour prendre le thé avec elle. Nous savions qu'il s'agissait là d'une véritable institution et nous étions flattés de répondre à son invitation.

Le thé, chez la reine d'Angleterre, se prend dans un salon du rez-de-chaussée spécialement conçu à cet effet. Trois domestiques y sont employés à plein temps, mais sa Majesté elle-même se lève pour faire chauffer la bouilloire et servir le thé. Il provient de la célèbre maison Twining et on le sert avec une fine rondelle de citron dans une tasse de Worcester.

Élisabeth ne me fit pas une impression particulière. Elle parlait avec beaucoup de réserve, d'une voix douce, presque adolescente. Le moment le plus mémorable de l'entrevue à laquelle assistait aussi Maria se déroula lorsque nous vîmes par la fenêtre la reine mère quitter le palais et monter dans un hélicoptère. Ce fut une vision assez étonnante. Élisabeth nous dit alors : « Ah, maman est un phénomène ! Moi, je déteste les hélicoptères, cela me fait peur, et elle, elle les prend comme on prend un bus ou un taxi. »

Le fait le plus remarquable tenait à ce qu'elle nous ait invités. Les réceptions officielles nous étaient plus ou moins interdites en raison de la protestation qu'émettait systématiquement l'ambassade d'URSS lorsqu'elle en prenait connaissance. Or, en pleine guerre froide, aucun pays ne voulait se risquer à une crise diplomatique avec Staline. Nous nous sentions dans la peau de proscrits. Même le Vatican se décommanda un jour.

Nous avions toutefois rencontré Pie XII à la fin des années 50, mais en audience privée et à titre personnel. Depuis le mariage de mon frère en Italie, le nom de ma famille y était un peu connu et le Saint Père avait émis le souhait de nous recevoir. Il m'impressionna terriblement. Sa démarche, surtout. On aurait dit qu'il glissait dans l'air plutôt qu'il ne marchait. J'en étais presque effrayée.

J'avais dû revêtir une mantille et une robe longue noires. Il nous reçut environ trois quarts d'heure et nous parlâmes un peu de religion et beaucoup de politique. En français. Au terme de l'entrevue, il nous fit comprendre qu'il n'osait pas nous bénir parce que nous étions orthodoxes. Il nous offrit une médaille.

L'autre raison pour laquelle il était presque extraordinaire qu'Élisabeth nous ait invités tenait à l'animosité que la famille royale d'Angleterre avait souvent manifestée vis-à-vis des Romanoff.

Cette curieuse attitude avait commencé dès 1917. Le Premier ministre Lloyd George avait choisi de fraterniser avec les bolcheviks et c'était là son droit, même si l'on peut discuter de la clairvoyance d'une telle politique. Mais le roi George V ? Sa mère, Alexandra, épouse d'Édouard VII, n'était-elle pas la sœur de l'impératrice Maria, épouse d'Alexandre III ? N'était-il pas de son devoir de défendre son cousin Nicolas II ? Au lieu de quoi, il ne tenta rien pour sauver le tsar de la tourmente révolutionnaire. Pis, au contraire du Kaiser Guillaume II ou du roi d'Italie, il entrava toute tentative d'intervention en faveur des Blancs et ordonna sans scrupule la fermeture de l'ambassade de Grande-Bretagne à Saint-Pétersbourg.

Sa fermeté ne faiblit pas dans les années 20. À aucun moment, il ne fit preuve de compassion à l'égard des membres de la famille impériale russe qui étaient parvenus, au péril de leur vie, à fuir l'enfer communiste. À moins que l'on n'appelle compassion l'octroi, sur pression du roi du Danemark, d'une modeste demeure où devraient s'entasser les Romanoff en exil.

Le comble de son ingratitude se manifesta dans son comportement vis-à-vis de sa tante, l'impératrice mère, qui avait perdu ses deux fils et cinq petits-enfants dans la révolution. Chaque soir, à vingt heures, l'électricité et le chauffage lui étaient coupés ! « Par souci d'économies », se défendait le roi d'Angleterre. Quelle crise financière pouvait justifier un tel manque d'humanité ?

La reine Mary ne se comporta guère mieux. Chargée de la vente des bijoux des sœurs du tsar, Olga et Xénia, elle ne leur restitua qu'une partie des sommes récoltées, comme le monde entier l'apprit en 1960, à la mort des deux femmes. Et ce fut justement la reine Élisabeth qui versa la différence de la somme aux héritiers d'Olga et de Xénia, flouées par sa grand-mère.

Élisabeth ne fut pas, par bonheur, la seule figure royale à se conduire avec dignité à notre égard.

Pendant plus de quarante ans, Wladimir et moi avons côtoyé en toute amitié les plus grandes familles régnantes ou en exil d'Europe.

11

Mes amies les reines

Quelle attitude fallait-il adopter avec Franco ? Honnêtement, pour Wladimir et moi-même, la question ne se posa jamais en ces termes. D'abord parce qu'il nous aurait paru déplacé de nous demander si oui ou non l'homme était fréquentable alors qu'il avait accepté de nous accueillir et qu'il avait été le seul à nous délivrer des passeports diplomatiques sans nationalité. Ensuite parce qu'il faisait tout pour que notre séjour en Espagne se déroulât le mieux possible. Par exemple, dès qu'il apprenait qu'un membre de notre famille était souffrant, il nous envoyait son médecin personnel.

Nous l'avions naturellement informé de notre mariage. Quelques jours plus tard, il nous invitait chez lui. Il n'avait encore jamais rencontré mon mari. Quand nous arrivâmes devant lui, Franco s'inclina respectueusement vers moi et Wladimir. C'était là la première fois et ce serait donc la dernière. Mais il avait désiré témoigner ainsi de son respect vis-à-vis de la couronne russe et de son héritier qu'il ne connaissait pas encore.

Après cette visite, il nous arriva de le revoir, à de nombreuses reprises, dans un cadre moins officiel. Chez la duchesse Midinatchelli, par exemple, une grande amie de Mme Franco chez qui nous prenions le thé.

Vers 1950, la femme du Caudillo préparait les noces de sa fille unique, Maria del Carmen. Elle devait épouser Cristobal Martinez-Bordiu, marquis de Villaverde. Nous étions conviés à assister au mariage mais, avec le temps, Wladimir et moi, avions complètement oublié l'invitation. Nous étions tranquillement chez nos amis Karnitz pour passer les fêtes de Pâques à Biarritz quand nous reçumes un télégramme de Franco nous rappelant l'imminence de la cérémonie. Aussitôt, il nous fallut revenir en Espagne pour y assister.

Ce fut un somptueux mariage, terni seulement par l'absence remarquée de nombreux membres de la haute noblesse espagnole et de plusieurs familles royales exilées à Madrid qui avaient décliné l'invitation. Notre présence fut-elle un déclic ? Je persiste à le penser. Après la cérémonie, les relations entre Franco, sa femme et les principaux rois, princes en exil devaient notablement s'améliorer. Comme si le fait qu'une famille royale ait accepté de se montrer aux côtés du chef de l'Espagne les avait définitivement rassurés. La chaleur des remerciements de Franco vint confirmer mon impression.

Par la suite, nous fûmes invités à tous les baptêmes et noces de la famille. Ainsi, le 8 mars 1972, pour le mariage au palais du Prado de la petite-fille du Caudillo, Maria del Carmen Martinez-Bordiu y Franco, avec don Alfonso de Bourbon. Alfonso était le petit-fils du roi Alphonse XIII. Dix ans auparavant, il avait été le témoin de mariage de son cousin, Juan Carlos, futur roi d'Espagne. En novembre de la même année, Franco accorda aux jeunes mariés les titres de duc et duchesse de Cadix. Alfonso reprit ensuite les prétentions de son père en Espagne et en France. Son cousin étant appelé à monter sur le trône de ce côté des Pyrénées, il choisit de s'investir plutôt de l'autre. Considéré par certains royalistes français comme l'héritier du trône des Lys en tant que duc d'Anjou, il relança la querelle entre légitimistes — ses partisans — et orléanistes — ceux du comte de Paris.

Son mariage fut un échec. Au bout de sept ans, Maria del Carmen et Alfonso divorcèrent après avoir eu deux enfants. Francisco, l'aîné, disparut à l'âge de douze ans dans un accident de voiture à Pampelune. Cinq ans plus tard, en 1989, le duc de Cadix lui-même fut victime d'un accident de ski mortel dans le Colorado, à Breaver-Creek. Depuis cette date, Luis Alfonso, le puîné a repris le titre de duc de Cadix... et d'Anjou. Après la séparation du couple, je devais conserver les meilleures relations avec Maria del Carmen. Quand elle apprit la mort de Wladimir, elle se trouvait en vacances chez des amis à Miami. Elle arriva immédiatement pour demeurer auprès de moi dans l'épreuve. Son soutien fut pour moi plus que précieux, décisif.

Avec le général Franco, nous bavardions de tout très librement. Souvent, il nous relatait ses conversations avec les hommes d'État qu'il avait connus et les sentiments que ceux-ci lui avaient inspirés. Il se souvenait très bien du maréchal Pétain qui avait été, en 1939, ambassadeur de France en Espagne. Il lui avait fortement déconseillé de se faire désigner à la tête de la France occupée, pressentant une fin tragique pour lui. N'avait-il pas déjà rempli les plus hautes fonctions militaires et obtenu les décorations les plus prestigieuses ? Justement, lui avait répondu en substance Pétain, n'ayant rien à gagner, je suis le seul à pouvoir me sacrifier pour mon pays. « Vous voyez, Altesse, comme j'avais raison, avait conclu Franco devant moi : ce pauvre homme a fait don de sa personne sans raison. Son sacrifice n'a pas servi la France. »

Un jour, je fis part au général Franco d'un cadeau que je venais de recevoir. Il s'agissait de vieux films d'archives en 5 mm sur la famille impériale russe reconstitués image par image. Il m'invita à venir le visionner avec Wladimir dans sa maison. Pendant plusieurs minutes, nous replongeâmes dans l'Histoire : le mariage de Nicolas II en 1894, son sacre deux ans plus tard, quelques revues militaires, des scènes de loisirs sur le yacht privé de l'empereur, le *Standart*.

Franco se montra ravi et ému. À la fin de la projection, il se laissa aller à quelques confidences inédites inspirées par ces bribes de films. Il m'avoua à cette occasion son souhait de restaurer la monarchie en Espagne. C'était dans ce dessein qu'il s'occupait en partie de l'éducation de Juan Carlos, de son frère parce que l'avenir et la stabilité de l'Espagne devaient, selon lui, se trouver à nouveau dans les mains d'un Bourbon. Pour l'heure, il estimait que le pays n'était pas encore préparé à ce changement et qu'il faudrait encore du temps pour y parvenir. Mais, le jour venu, il désignerait officiellement son successeur à la tête de l'Espagne comme le ferait un roi avec son fils et aucune goutte de sang ne serait versée à cette occasion.

Le jour de la mort de Franco, je ne pus m'empêcher de repenser à cette conversation vieille de plusieurs années. Le jour où Juan Carlos monta sur le trône, aussi.

Juan Carlos aurait pu ne jamais devenir roi d'Espagne. Par sa propre volonté. En mars 1956, il fut à l'origine d'un drame qui le plongea dans le désespoir. Il était chez ses parents, le comte et la comtesse de Barcelone, qui vivaient alors à Estoril, au Portugal. Il venait d'avoir dix-huit ans. Tandis qu'il nettoyait une arme à feu dans sa chambre, son frère Alfonso entra sans prévenir dans la pièce. Surpris, Juan Carlos sursauta et le coup partit tuant son frère sur le coup. Après cette tragédie, Juan Carlos s'enferma pendant des semaines dans un isolement muet. Son seul désir, affirmait-il, était alors d'entrer dans les ordres et de racheter sa faute involontaire par le don de soi aux autres.

Finalement, Juan Carlos surmonta son malheur et revint à la vie. En 1962, il épousa à Athènes, en la cathédrale orthodoxe de l'Annonciation, puis en la cathédrale catholique de Saint-Denis, la princesse Sophie de Grèce. Au printemps 1968, il nous invita à assister au baptême de son fils, le prince Felipe. À cette occasion, je vis pour la dernière fois sa grand-mère, la reine Victoria-Eugénie. Exceptionnellement, le général Franco l'avait autorisée à revenir en Espagne après trente-sept ans d'absence. Tante Ena, ainsi que je l'appelais affectueusement, avait su que cet événement coïncidait avec les Pâques russes. Pendant la fête, elle me fit part de son irrépressible envie de *pashka*. « Rien de plus simple, lui répondis-je, il vous suffit de venir dîner à la maison. Nous en avons préparé pour Pâques. » Elle déclina néanmoins l'invitation en raison de sa fatigue et de son souhait de rentrer dès le lendemain à Lausanne. J'eus toutefois le temps de lui faire porter avant son départ un colis à l'hôtel Palace où elle avait pris une chambre pour la nuit. À l'intérieur, une énorme *pashka*, bien sûr accompagnée de son *koulitch*.

Victoria-Eugénie s'éteignit quelques mois plus tard au terme d'une vie marquée par le malheur : à cause de son mari, Alphonse XIII, de l'exil, mais aussi de la cruauté de la nature : sur ses six enfants, deux étaient hémophiles et l'aîné sourd-muet. Elle s'en était occupée admirablement, les installant dans ses propres appartements afin de mieux prendre soin de leur santé et de leur éducation.

Anglaise jusqu'au bout des ongles, Victoria-Eugénie n'avait jamais fait l'unanimité à la cour d'Espagne. Les coutumes et les règles qu'elle avait imposées en digne petite-fille de la reine Victoria avaient fait grincer les dents. Tout comme son esprit résolument tourné vers le monde moderne. Avait-on jamais vu reine d'Espagne suivre, voire devancer la mode, fumer en public, se maquiller en toutes circonstances ? Et ces courses de chevaux qu'elle avait voulu faire découvrir au peuple espagnol ? Et cette obsession à vouloir à tout prix que son mari, Alphonse XIII, s'initiât au golf ? Et ces baignades au bord de la mer où elle se montrait en maillot de bain, au grand dam de vieilles Espagnoles se signant à son passage ?

Reine scandaleuse pour certains, certes. Mais aussi souveraine dévouée. Au cours de la Première Guerre mondiale, elle se démena à la tête de plusieurs organisations de charité afin de venir en aide à toutes les victimes de la guerre civile européenne. Et puis, n'était-ce pas elle qui avait donné, à son mari le roi le goût des voyages, faisant d'Alphonse XIII le plus *globe-trotter* des souverains espagnols ? C'était une petite révolution à l'époque. C'est devenu presque une tradition aujourd'hui.

Parmi les princes prétendants à leur trône, le comte de Paris me parut l'un de ceux qui comprenaient le mieux les mutations de l'histoire, le temps présent et la complexité de son propre pays. Peut-être était-ce parce que la France, avant la Russie, avait fait l'expérience de la révolution ? Ce fut au début de la Seconde Guerre mondiale que je fis sa rencontre. Il s'était engagé dans la

Légion étrangère où il servait dans la même unité qu'un officier cousin de mon père, le prince David Chalikoff.

Un jour de l'été 40, ce dernier profita d'une permission pour passer quelques jours dans notre maison de Cannes. Lors d'une soirée où il avait préféré ne pas sortir, il nous fit part d'une étrange rencontre qu'il avait eue avec une bohémienne. Elle lui avait prédit qu'il mourrait l'année de ses quarante ans. Cette révélation inattendue me glaça le sang. Puis, surmontant mon émotion, je feignis la désinvolture et fis remarquer au prince que les membres de notre famille avaient plutôt l'habitude de mourir âgés. Mais comme je lui disais cela, un phénomène étrange survint. Une bouteille de lotion pour les cheveux tomba sans raison d'une table et rebondit sur le fauteuil où dormait notre caniche. Le pauvre animal se mit à hurler et mes parents sortirent de leur chambre, alertés par le bruit. Mon oncle était comme tétanisé, plus blanc qu'un linge. Il nous fallut le coucher. Il mourut deux heures plus tard.

Le comte de Paris avait été profondément bouleversé par le décès aussi soudain que mystérieux de son ami. Il avait obtenu de ses supérieurs un congé exceptionnel pour assister à son enterrement. Ce fut l'occasion de notre première rencontre.

Quelques années plus tard, mon frère et moi étions à Pampelune où nous savions qu'il résidait avec sa femme et ses enfants.

Malheureusement, nous ne connaissions pas son adresse. Nous nous rendîmes au commissariat pour l'obtenir. Là non plus, on ne la savait pas. En revanche, on nous conseilla de nous poster devant le guichet et de guetter le passage de la fin des classes. Il suffirait alors de suivre une petite troupe de neuf enfants en file indienne pour trouver la maison du comte de Paris. Ce fut ainsi que nous retrouvâmes la trace du prince grâce à Isabelle, Henri, Hélène, François, Anne, Diane, Michel, Jacques et Claude — Chantal et Thibaut n'étaient pas encore nés.

Le comte de Paris était un homme tout simplement fascinant. Comme le roi des Belges, Baudouin Ier avec qui je pus longuement m'entretenir lors de l'inauguration de l'Exposition universelle, à Bruxelles en 1959.

Longtemps l'Espagne abrita, et abrite toujours, de nombreux souverains et souveraines en exil, la plupart originaires des pays d'Europe balkanique et orientale passés, après la guerre, dans le giron de l'Union soviétique. J'eus ainsi l'occasion de tisser d'étroites relations avec trois reines déchues : Giovanna de Bulgarie, Géraldine d'Albanie et Frédérika de Grèce.

Giovanna, Jeanne, de Savoie, née à Rome, en 1907, princesse italienne, était le quatrième enfant de Victor-Emmanuel III et de Hélène de Monténégro. Courageuse, intelligente, déterminée, elle avait connu une vie marquée par les persécutions, les souffrances morales, matérielles et l'exil. Comme moi. Jusqu'à sa mort récente, nous évoquions souvent nos destins assez proches.

Ce fut en 1930, à Assise, que Giovanna scella son entrée dans la famille royale bulgare en épousant Boris III. Celui-ci était monté sur le trône à l'âge de vingt-quatre ans après l'abdication de son père en sa faveur le 3 octobre 1918. Désireux de sauver la monarchie en Bulgarie, Ferdinand Ier avait compris que les Alliés comptaient lui faire payer son engagement auprès de l'Allemagne durant la Première Guerre mondiale. En transmettant sa couronne à Boris (« Je suis désormais votre sujet, mais je reste le père de Votre Majesté », lui avait-il glissé à cette occasion), Ferdinand préserva son héritier du courroux des Alliés qui préférèrent laisser le royaume en place plutôt que de créer une situation politique dont pourraient profiter les bolcheviks.

Les premières années de règne de Boris III furent très difficiles. Son inexpérience et sa timidité naturelle furent mises à profit par les extrémistes pour tenter de s'emparer du pouvoir. Les années 20 virent coups d'État, émeutes et vagues de répression se succéder sans qu'il parvînt à rétablir un ordre durable. Lui-même fut la cible de plusieurs attentats, notamment en avril 1925, à deux jours d'intervalle. L'un d'eux, particulièrement lâche, eut lieu en la cathédrale Sveti Nedelia de Sofia, au cours des funérailles d'un ministre lui-même assassiné, le général Georghieff. Déposée près du fauteuil royal, une bombe explosa et fit s'écrouler le dôme de l'édifice. On dénombra cent quarante morts, dont quatorze généraux, seize officiers supérieurs et trois députés. Ce fut un miracle si le jeune roi échappa à la mort.

Boris était un souverain original, d'un caractère à l'opposé de son bouillonnant père. Le teint pâle, petit et mince, il ne dégageait pas une impression de charisme immédiat. Il était d'ailleurs plus un homme de réflexion que d'action bien qu'il eût servi comme major-général dans l'armée bulgare en 14-18. Ses centres d'intérêt se trouvaient dans les sciences physiques et naturelles. Il était d'ailleurs docteur *honoris causa* des universités de Sofia, Berlin, Rome et Varsovie.

Son mariage avec Giovanna le métamorphosa. À trente-six ans, le monarque timide que la mort prématurée de sa mère avait privé d'affection féminine pendant des années allait trouver un nouveau souffle grâce à sa jeune épouse. Malgré la réticence de l'un des plus actifs artisans de cette union, Angelo Roncalli, alors délégué apostolique en Bulgarie, et qui deviendrait pape sous le nom de Jean XXIII en 1958, la cérémonie fut répétée selon le rite orthodoxe à Sofia.

Encouragé par Giovanna, Boris III s'investit dans les affaires de son pays. La Bulgarie était alors coincée entre une Yougoslavie francophile et des voisins de plus en plus liés à l'Allemagne et à l'Italie. Il tenta tant bien que mal de résister aux appels du pied insistants des uns et des autres, attitude qu'il résuma dans une formule célèbre sinon exacte : « Ma femme, la reine Jeanne, est italophile, mes ministres sont germanophiles, mon peuple est russophile et moi-même je suis neutre. »

Cette neutralité, Boris III tenta de la maintenir pendant les premiers mois de la guerre comme put en témoigner le comte de Paris, son cousin, que les services secrets français avaient chargé de sonder les intentions du roi bulgare. Le mari de Giovanna avait assuré le jeune prince qu'il n'aimait pas les Allemands mais ne pouvait faire autrement que de céder à leur volonté. En novembre 1940, il réussit toutefois à repousser l'offre d'adhésion au pacte tripartite transmise par Hitler.

Après l'entrée en guerre de l'Allemagne contre l'URSS, l'étau hitlérien se resserra un peu plus sur lui. Boris continua à louvoyer, cédant d'un côté aux exigences du Führer et prenant contact dans le même temps avec des diplomates alliés. Malheureusement, Hitler l'apprit et le convoqua à Berchtesgaden en août 1943. L'entrevue fut d'une violence terrible. Le chancelier du IIIe Reich manifesta à cette occasion une colère hystérique. Au point d'ordonner l'assassinat de Boris III ? Le mystère est aujourd'hui encore entier. Seule certitude, le monarque décéda deux semaines après sa rencontre avec Hitler. Victime d'un banal accident cardiaque comme le voudrait la thèse officielle ou tué par un empoisonnement à retardement ? Nul ne le sait.

Après ses funérailles nationales en la cathédrale Saint-Alexandre Nevsky et son enterrement au monastère de Rila, son fils lui succéda sur le trône sous le nom de Siméon II. Frère cadet de la princesse Marie-Louise — qui épouserait en 1957 mon neveu, le prince Karl de Leiningen, fils de la sœur de Wladimir, Mashka —, il n'avait que six ans. Une régence fut instituée avec, à sa tête, le président du Conseil, un général, et Cyrille, le frère de Boris.

Insatisfait de cette formule, Hitler se proposa de devenir le tuteur du jeune roi. Une initiative insupportable, estima Giovanna, qui s'enfuit en Syrie avec ses deux enfants. Ils ne revinrent qu'en 1944, une fois le pays débarrassé de la présence allemande. Mais désormais occupé par l'Armée Rouge qui installa à sa tête un gouvernement provisoire inféodé à Moscou. Ce fut l'échange d'une nuit contre une autre. En février 1945, les trois régents furent exécutés et la famille royale emprisonnée. Un an plus tard, une parodie d'élections donna la victoire aux communistes. Giovanna et ses deux enfants furent chassés du pays.

Ils s'installèrent pendant quelques années à Alexandrie, en Égypte, vivant dans la crainte permanente d'un assassinat ou d'un enlèvement de Siméon. En 1951, le général Franco offrit l'hospitalité de l'Espagne à Giovanna qui acheta, avec l'aide de sa mère, la reine Hélène, une villa au cœur de Madrid.

Je la rencontrai pour la première fois chez un coiffeur français de la capitale espagnole qui me dit un jour : « Il y a ici la reine de Bulgarie qui aimerait beaucoup faire votre connaissance. » Mutuellement amusées par les circonstances de notre premier contact, nous devînmes très proches. J'allais l'aider à s'installer et à trouver ses repères à Madrid. Et la choisir pour marraine de ma fille Maria. Même son départ pour le Portugal, après le mariage de Siméon en 1962, ne brisa pas notre complicité. Il faut dire que j'allais parfois lui rendre visite dans la splendide villa qu'elle avait achetée plus tard dans la baie d'Estoril, à Cascais.

Grâce à Giovanna, je connus le roi Umberto II d'Italie, son frère. Un homme exquis, charmeur, brillant dans les conversations. Son épouse Marie-José ressemblait beaucoup à sa mère, Élisabeth de Belgique. Un peu triste et renfermée sur elle-même.

En janvier 1962, j'assistai au mariage de Siméon de Bulgarie avec Margarita Gomez-Acebo y Cejuela. Parmi les invités se trouvait la veuve du roi Zog Ier d'Albanie qui venait juste d'arriver en Espagne avec son fils Léka. Elle s'appelait Géraldine.

Étrange et singulier destin que celui de cette enfant de bonne famille hongroise, fille du comte Gyula Apponyi de Nagy-Appony et d'une Américaine du nom de Gladys Steuart. À vingt-deux ans, elle est envoyée par sa famille en Albanie pour rencontrer le roi de ce petit pays balkanique tombé fou amoureux d'elle après l'avoir croisée dans une soirée. De vingt ans son aîné, le roi Zog Ier a été prématurément fiancé par les journaux de son pays à Giovanna d'Italie (!) et à la princesse Adelaïde, une des filles de Charles et Zita de Habsbourg. Géraldine débarque à Durrës en 1937, emplie d'appréhensions et de méfiance. Malgré les efforts de modernisation effectués par son prétendant, le royaume albanais a encore tout d'un État moyenâgeux. Et pourtant. Présentée au monarque, la jeune comtesse est subjuguée et écarte toutes ses craintes ainsi que les réticences familiales soudainement apparues. Le mercredi 27 avril 1938, celle qu'on surnommait « la rose blanche de Budapest » répond oui au président du Parlement albanais qui lui demande si elle accepte d'épouser Sa Majesté Zog Ier. Sur sa tête, on dépose le diadème royal surmonté du casque de Skanderbeg, le héros national.

Le 5 avril de l'année suivante, elle met au monde un garçon, Léka. L'ambiance est pourtant morose. Le pays vit sous la menace d'une invasion italienne qu'on assure imminente. Deux jours plus tard, en effet, les troupes amphibies mussoliniennes débarquent en Albanie. L'heure de l'exil a — déjà — sonné. Direction la Grèce, puis la Turquie, la Roumanie, la Pologne, les pays baltes, la Suède, la Norvège. En août 1939, la famille royale albanaise pense avoir trouvé son point de chute. Ce sera la France. Un an plus tard, ils déménagent pour l'Angleterre de Churchill avant de rejoindre l'Égypte du roi Farouk.

En 1955, retour en France. C'est là que son époux bien-aimé, roi éphémère d'un pays de montagnards et de paysans pour qui elle a sacrifié sans doute un destin moins exaltant mais plus confortable, rend son dernier soupir. Quelques mois plus tard, elle rejoint l'Espagne avec son fils Léka.

La volonté et la patience de Géraldine ne laissent pas de m'impressionner. Désormais installée en Afrique du Sud où vivent aussi son fils, sa belle-fille et son petit-fils, elle est souvent venue dans notre maison de Saint-Briac, lorsqu'elle habitait en Europe. Elle adorait la Bretagne et la compagnie de mon frère Irakly avec qui elle partait ramasser et déguster du maïs immangeable, destiné aux bêtes. Nous continuons à nous écrire régulièrement. Dans ses lettres, je crois discerner une profonde tristesse d'habiter si loin de notre continent.

Frédérika de Grèce est la troisième souveraine que j'ai bien connue lors de son exil. Née Brunswick-Lunebourg, princesse de Hanovre, elle était la petite-fille de l'empereur Guillaume II. En 1938, elle avait épousé, à Athènes, le prince Paul, frère de Georges II. Refusant de signer la capitulation de son pays après la victoire allemande en 1941, celui-ci avait constitué un gouvernement en exil à Londres, comme le futur mari de sa nièce Alexandra, Pierre II de Yougoslavie. Son pays libéré en 1944, il avait fait procéder à un référendum populaire pour légitimer le retour de la monarchie : 70 % des Grecs avaient voté en faveur d'une restauration. Miné par la maladie, Georges II était mort sans héritier en avril 1947, laissant le trône à son frère.

Grâce au soutien des Anglais et des Américains, et sans doute au marchandage de ceux-ci avec Staline après que la Yougoslavie eut été abandonnée à l'influence soviétique, Paul parvint à sauver la Grèce d'une dictature communiste. Le pays entra ensuite dans une relative ère de prospérité et de stabilité constitutionnelle. Sur le conseil de Frédérika, il favorisa une alternance démocratique qui mit en rage Constantin Karamanlis, un Premier ministre qui se croyait inamovible. L'homme était persuadé que sa disgrâce était uniquement le fruit d'un supposé caprice de la reine. Il se permit même d'apostropher publiquement celle-ci, dévoilant à cette occasion sa véritable personnalité : « Vous, Madame, occupez-vous de vos marmites si vous ne voulez pas perdre votre trône. »

Frédérika accorda d'autant moins d'importance à l'affaire que tout le peuple grec lui savait gré d'un événement qui venait d'offrir un lustre particulier au pays : le mariage de sa fille Sophie avec Juan Carlos.

Paul et Frédérika eurent trois enfants : Sophie, donc, future reine d'Espagne ; Constantin, qui devait régner de 1964 jusqu'au coup d'État militaire de 1967 à la suite duquel il s'exila en Angleterre et qui est le parrain de mon petit-fils ; Irène, brillante pianiste dans sa jeunesse, fondatrice de l'association humanitaire « Le monde en harmonie » qui a pour but de venir en aide aux pays sous-développés.

Les circonstances de ma première rencontre avec Frédérika de Grèce paraîtront encore plus incongrues que celles avec Giovanna de Bulgarie. C'était en janvier 1977. Juan Carlos, déjà père de deux filles, venait d'apprendre la naissance de son fils Felipe. Fou de joie à l'idée d'avoir un héritier, il nous avait appelés et invités à rendre visite à son épouse à la clinique. Dans sa chambre se trouvait assise près de la fenêtre une femme d'une soixantaine d'années. Alors que nous venions d'embrasser et de féliciter Sophie, la femme me lança, sans même me dire bonjour : « J'espère que tu n'es pas enrhumée. » Je lui répondis froidement que non puisque j'étais venue. J'ignorais qu'il s'agissait de Frédérika et trouvai de toute façon qu'il était bien impoli de rester assise quand des amis venaient saluer sa fille, toute reine qu'on fût.

Un curieux dialogue s'ensuivit :

« Et où habitez-vous ?

— À Puerta del Sol, lui fis-je.

— Est-ce que je peux venir vous rendre visite ?

— Quand tu veux.

— Est-ce que je peux venir déjeuner ?

— Oui.

— Alors je viendrai demain. Mais je te préviens : je ne mange pas de viande.

— Soit.

— Ni de poisson.

— C'est parfait, tu mangeras des légumes. Nous revenons de France et avons justement rapporté des artichauts de Bretagne.

— À quelle heure ?

— Nous déjeunons à quatorze heures »

Le lendemain, Frédérika sonnait à notre porte à treize heures.

Bien que notre première rencontre se fût déroulée sous les pires auspices, nous passâmes un après-midi délicieux. Elle ne quitta la maison, enchantée, qu'en début de soirée. Elle était très drôle et je compris que l'épisode de la clinique avait été une sorte de test. Elle ne jugeait dignes d'intérêt que les personnes qui osaient lui résister. Mon attitude lui avait plu. Me serais-je tue que nous ne serions sans doute jamais devenues amies.

Nous nous revîmes à l'occasion de fêtes familiales. Avec nous, elle était de charmante compagnie mais Wladimir et moi savions qu'elle pouvait être très dure. En tout cas, elle l'avait prouvé dans l'Histoire. Originale en tout, elle habitait plusieurs mois par an en Inde dont la culture et la civilisation la fascinaient depuis un voyage effectué quand elle était jeune. Dans les derniers mois de sa vie, elle vécut même dans un ashram. Elle décéda en 1981.

On imagine mal quelles pressions s'exercent sur les familles royales. L'une des plus importantes est la transmission aux enfants, à côté du prestige de la naissance, du sens des devoirs qui l'accompagnent.

J'ai déjà évoqué notre amitié avec le comte de Paris. Depuis sa mort, il y a plus d'un an, un certain nombre de personnes se sont efforcées de salir sa mémoire. Pour ma part, je reste persuadée que le comte de Paris a toujours agi dans l'intérêt des siens et fait preuve à leur égard d'une sévérité que seules les circonstances dictaient. Quant à son héritage, la part essentielle tenait à sa politique de réconciliation des Français avec leur passé, leur histoire.

La meilleure volonté n'empêche toutefois pas les tragédies. Que dire, alors, de Grace Kelly, la plus royale des princesses ? L'épouse de Rainier de Monaco était une femme non seulement d'une beauté légendaire mais encore d'une gentillesse et d'une attention pour autrui extraordinaires. Sa délicatesse allait jusqu'à regretter à voix haute les manières un peu rustres du prince ! Ainsi s'excusait-elle régulièrement du fait que son mari se fît servir des plats différents de ceux des autres convives lors des dîners. « Il ne mange que ce qu'il aime », soupirait-elle d'une voix presque timide. « Ce n'est pas là son seul défaut, ajoutait-elle parfois. Il lui arrive souvent de partir sans dire au revoir ! Charmant, non ? » La sincérité et la grâce avec lesquelles elle annonçait cela étaient un gage de pardon garanti pour son mari.

En 1978, le couple princier nous invita au mariage de leur fille Caroline avec Philippe Junot que nous devions souvent croiser les mois suivants au cours de soirées à l'ambassade de Monaco. La disparition tragique de Grace dans un accident automobile nous affecta particulièrement. Le jour de ses funérailles, je fis la rencontre d'une autre princesse appelée à susciter encore plus de passions et à disparaître aussi tragiquement. Elle s'appelait Diana, princesse de Galles... Non, vraiment, il n'y a pas de hasard dans la vie.

Je crois que Diana ne comprit pas, ou qu'on ne l'aida pas à comprendre, les sacrifices qu'impliquaient son mariage, son titre, son rôle dynastique. Que l'on me comprenne bien : je respecte la liberté de quiconque et dans ma propre vie, on l'a vu, j'ai eu à choisir. J'ai su aussi ce qu'était le malheur. Et encore, combien ce siècle aura été difficile pour les femmes. Mais l'on ne m'empêchera pas de voir une curieuse inversion dans ce désir qu'ont désormais certaines princesses de devenir, et de se montrer, des bergères là où les bergères espéraient bien accéder au rang de princesse. C'est là comme une amputation de cette puissance qu'est le rêve, et qui aura caractérisé notre fin de siècle.

Parmi nos amis et accointances, Otto de Habsbourg occupe une place singulière. Il nous fit l'honneur de venir dîner chez nous plusieurs fois. Chef de la maison impériale austro-hongroise, il est marié depuis bientôt un demi-siècle avec Regina de Saxe-Meiningen, fille du duc Georges, déporté par les Soviétiques en 1945 et mort en Sibérie. Fils aîné de Zita, « l'impératrice courage » comme l'a si justement baptisée son biographe français Jean Sévillia, Otto a toujours incarné une certaine idée de l'Autriche et de l'Europe. Il s'en fallut d'ailleurs de peu qu'il ne monte sur le trône dans les années 30 après la nomination de Schuschnigg comme chancelier du pays. Malheureusement, les hésitations de celui-ci furent fatales à la restauration de la monarchie. Et à l'Autriche elle-même, annexée en 1938 par l'Allemagne nazie. Cinquante ans plus tard, Otto fut à l'origine des premières lézardes du mur séparant les deux Europes. Le 3 avril 1989, deux jours après les funérailles de sa mère, il organisait un pique-nique géant à la frontière austro-hongroise. À cette occasion, les barbelés furent coupés et six cents Allemands de l'Est réfugiés en Hongrie vinrent participer à la manifestation organisée du côté autrichien. En septembre suivant, la Hongrie ouvrait définitivement ses frontières.

Comment, dès lors, définir cette place singulière qui lui revient dans nos cœurs ? Otto de Habsbourg ne s'est pas voulu qu'un héritier. La fidélité à cet héritage lui a commandé d'être un acteur vivant de l'histoire de son peuple.

12

Voyages

En janvier 1954, un journal à scandale d'Amérique du Sud, repris par la presse française, annonçait, en couverture, la publication dans ses colonnes « d'un des plus extraordinaires drames de notre époque » : l'assassinat par le grand-duc Wladimir de Russie de sa femme et de sa sœur ! Ce jour-là, le meurtrier supposé, mon mari donc, « traqué dans toutes les capitales » au dire du magazine, baptisait devant quelques témoins des plus illustres — dont l'ambassadeur de France — notre fille Maria à Madrid. Eh oui ! L'existence de la presse à scandale qui ne craint ni la fantaisie ni le ridicule ne date pas d'hier.

Je ne pus m'empêcher de songer à cette anecdote en juillet 1976. Ce jour-là, Maria, vingt-deux ans, annonçait ses fiançailles avec le prince Franz-Wilhelm de Prusse, renouant ainsi avec la tradition d'alliance par le mariage des Romanoff et des Hohenzollern.

Maria fréquentait son futur époux depuis plusieurs mois. Ils s'étaient rencontrés au cours d'une soirée organisée par mon beau-frère, le prince Louis-Ferdinand. À l'époque, elle terminait ses études à Oxford.

Franz-Wilhelm était un garçon déjà endurci par les épreuves que la vie ne lui avait pas épargnées. Né en 1943, en pleine guerre, dans le château de Saarbon, en Silésie, il perdit son frère jumeau trois semaines après avoir été mis au monde. Fils du dernier fils de Guillaume II et de la princesse Henriette de Schoenaich-Carolath, il ne connut pas le bonheur d'être élevé par ses parents qui divorcèrent en 1946. Ni celui de grandir sur sa terre natale. Fuyant l'avancée de l'Armée Rouge, sa famille dut émigrer vers la Suisse et la Hollande avant de s'installer à Hambourg après la guerre. Son père parti au Pérou, il fréquenta de nombreux pensionnats avant de rejoindre les universités de Francfort et de Mayence, hébergé tantôt par des oncles et des tantes, tantôt par des amis.

Sa ressemblance avec les enfants de Kyra, ses cousins, était frappante. Il était comme eux grand, blond, les yeux bleus. Féru d'histoire et de musique, inconditionnel d'Albert Camus, il partageait une passion commune avec feu le grand-père de Maria, les rallyes automobiles.

La perspective de voir Maria épouser Franz-Wilhelm ne m'enchantait guère. Méfiance classique de la part d'une mère ? Pressentiment ? Je ne sais. Toujours est-il que je ne me faisais pas à l'idée de ce mariage. Louis-Ferdinand non plus, d'ailleurs, qui me glissa, quelques jours après l'annonce de leurs fiançailles : « Franz-Wilhelm est mon neveu, je suis son parrain, et pourtant je t'avoue que son caractère ne me plaît pas. Si je puis me permettre un conseil : empêche Maria de l'épouser. » Terrible responsabilité que je n'eus pas le cœur d'assumer. Maria paraissait si amoureuse, si sûre de son choix. Je m'en rendis compte notamment lorsque nous fûmes invités, Wladimir, Maria, son fiancé et moi chez lord Mountbatten l'été 1976. Il faisait une chaleur épouvantable. Caniculaire. Notre séjour fut pourtant délicieux. Nous eûmes véritablement l'impression de vivre pendant quelques jours comme dans l'ancien temps, la munificence de notre hôte étant proprement inégalée. Avant de partir, il convia chacun d'entre nous à planter un arbre dans son parc. Une coutume qu'il réservait à tous ses invités. Son assassinat nous plongea, trois ans plus tard, dans une désolation sincère.

Éviter le mariage de Maria était certes impossible. Envisager le divorce, non. Il fallait que celui-ci, dans l'hypothèse où il surviendrait — ce que je redoutais —, ne nuise pas au bonheur matériel de Maria. Ni à la réputation et à la succession des Romanoff.

J'allai voir ma fille et réussis d'abord à la convaincre d'établir un contrat de mariage sous la forme de séparation des biens. Les siens étaient sans doute modestes mais on se savait jamais. Je sus ensuite la persuader de ne pas abandonner sa foi et de demander à son fiancé de se convertir, lui, ainsi que de renoncer à son titre de prince allemand pour embrasser celui de grand-duc puisqu'il épousait l'héritière du trône russe. Leurs enfants porteraient ainsi le nom des Romanoff et deviendraient à leur tour les héritiers légitimes de la couronne impériale. Cette méthode étant fréquente lors de mariages royaux, comme pour celui de l'actuel duc d'Edimbourg.

Franz-Wilhelm accepta de signer un acte prévoyant ces dispositions puis se rétracta avant de céder à nouveau. Son hésitation m'ayant rendue encore plus méfiante, je profitai de son refus provisoire pour faire traduire en allemand le texte afin qu'il ne prétende pas un jour ne pas avoir compris ce qu'il avait signé. Enfin, il se fit baptiser Michel Pavlovitch et le mariage put avoir lieu. Une union qui, pour les plus optimistes, n'était pas sans rappeler celle, au XVIIIe siècle, de Catherine II et de Pierre-Ulrich de Holstein-Gottorp qui deviendrait le tsar Pierre III.

Comme prévu, quelques grincements de dents se firent entendre de la part de certains membres de la noblesse russe exilée et de cousins de notre famille. Pour eux, nous bradions l'héritage des Romanoff aux Hohenzollern. Rien que cela ! Maria sut répondre aux critiques dans un message à ses compatriotes publié quelques semaines avant la cérémonie : « Mon mariage est indissolublement lié dans mon esprit à l'accomplissement des obligations qui me sont imparties. [...] Dans mon amour pour la Russie et mon angoisse pour les destinées de ses peuples martyrisés spirituellement et physiquement, je reste fermement convaincue que les conditions de vie dans notre patrie — politiques, économiques et sociales — devront être modifiées et améliorées par le futur pouvoir d'État historique et légitime, en s'appuyant sur les principes de la liberté de confession, du travail et de la création. [...] Je suis désireuse d'entendre des opinions sereines et fondées, conformes aux principes de base énoncés, exprimés non seulement par des personnes ayant une longue expérience de la vie, mais aussi par les jeunes générations dont je tiens à découvrir les expériences, les aspirations et l'amour de la patrie... »

À ces reproches « familiaux » vint s'ajouter un soupçon plus personnel : avoir payé le mariage de Maria avec les bijoux de la succession Romanoff. Rien de plus faux, naturellement.

Pendant la Première Guerre mondiale, la grande-duchesse Maria Pavlovna était parvenue à faire sortir de Russie sa fabuleuse collection de bijoux. Un peu avant sa mort en 1920, elle avait prévu dans son testament leur partage, selon le type de pierre, rubis, diamants, etc. — entre ses enfants. Un partage qui se fit très largement en faveur de son second fils, Boris, au détriment de Kyril, l'aîné, et d'André ainsi que de Hélène qui, étant la seule fille, en avait néanmoins déjà reçu un certain nombre du vivant de sa mère. Curieusement, Boris avait toujours été son favori avant sa disparition alors qu'il avait vécu de nombreuses années avec une femme qui n'était pas de son milieu, Zénaïde Rachevsky. Il avait fini par l'épouser en 1919 à Gênes sans encourir le moindre reproche de la part de la grande-duchesse.

Une fois réglées les rentes du personnel de la maison de Cobourg, conformément à la tradition de payer les gages de ses employés qui n'avaient pas de retraite, Kyril eut juste de quoi payer la maison de Saint-Briac. Il avait vendu les derniers bijoux hérités de sa mère à la reine Mary et à la maison Cartier. Quand j'ai épousé Wladimir, il ne possédait plus aucun bijou Romanoff. Ni de la famille de sa mère, d'ailleurs. Les bijoux de la duchesse d'Edimbourg ainsi que le château de Fabron à Nice et les propriétés en Allemagne avaient été partagés entre les trois sœurs de ma belle-mère. Ses modestes biens propres avaient, eux, été naturellement offerts en cadeau de mariage à ses deux filles, Kyra et Mashka.

Tous les bijoux que je portais avant les noces de Maria m'avaient donc été légués ou offerts par mes parents ou mon premier mari, Sumner Moore Kirby. J'en offris une part à mes deux filles et vendis l'autre pour le mariage de Maria.

La cérémonie civile eut lieu le 4 septembre 1976 à la mairie de Dinard. Elle fut présidée par le premier édile de la ville, notre ami Yvon Bourges qui était alors aussi ministre de la Défense de Valéry Giscard d'Estaing. Nous ne conviâmes ce jour-là que les proches. L'office religieux fut, lui, accompagné d'un tout autre faste.

L'union devant Dieu de Maria et Franz-Wilhelm se déroula le 22 septembre en l'église orthodoxe de Madrid. Ce lieu de culte n'existait pas lorsque j'étais arrivée en Espagne, pendant la guerre, avec mes parents. À cette époque, nous célébrions les cérémonies dans notre appartement. Un jour, au lendemain d'une liturgie de Pâques, nos voisins vinrent se plaindre de nos chants et de nos « bruyantes » embrassades. Pour eux, il n'était pas concevable que l'on pratique en Espagne semi-officiellement une autre religion que le catholicisme. À moins de le faire dans un lieu dépendant d'une ambassade. Nous les prîmes au mot et nous rendîmes à l'ambassade de Grèce que nous convainquîmes de louer une petite maison afin de la transformer en église. Elle existe toujours.

Quatre cents personnes avaient été invitées à partager notre joie célébrée par Mgr Antoine, venu spécialement des États-Unis. Parmi elles, bien entendu, toutes les familles royales européennes. Au premier rang étaient assis le roi d'Espagne Juan Carlos et son épouse Sophie, la reine Géraldine d'Albanie, son fils Léka et sa belle-fille Susan, la reine Giovanna de Bulgarie, son fils Siméon et sa belle-fille Marguerite, le roi Umberto d'Italie, la reine Fadila d'Égypte, etc. Tous furent ensuite conviés à un déjeuner servi dans notre villa madrilène. Ce fut, je crois, un très beau mariage. J'avais en tout cas fait tout ce que je pouvais pour qu'il le fût, en dépit de mes réticences personnelles.

Maria partie vers son destin, il nous restait à Wladimir et moi de multiplier les voyages. On dit qu'ils forment la jeunesse, je reste persuadée qu'ils sont tout aussi précieux aux autres tranches d'âge. Et pour être tout à fait honnêtes, nous n'avions pas attendu l'envol officiel et définitif de notre fille pour en juger.

Dès les années 50, répondant à des invitations officielles dans la plupart des cas, nous avions, ensemble, ouvert cette « espèce de porte par où l'on sort de la réalité comme pour pénétrer dans une réalité inexplorée qui semble un rêve », pour reprendre la formule de Guy de Maupassant.

Les États-Unis furent une de nos premières destinations. Au cours de notre seconde visite dans ce pays où vivait et vit encore une importante communauté russe, nous avions emmené avec nous Maria. Elle était encore petite mais attentive et curieuse comme on rêve que soient ses enfants. Elle s'amusait beaucoup de voir les gens se mettre en rang pour venir nous saluer avant le début des dîners officiels. Son grand jeu était de me signaler ceux qui « trichaient » en se remettant dans la file après être passés une première fois devant nous. Preuve que ceux que ce type de protocole séduit le plus ne sont pas forcément ceux que l'on croit.

Lorsqu'un hôtel accueille une personnalité étrangère à l'occasion d'un voyage officiel, il est de coutume d'accrocher à son fronton le drapeau du pays de son hôte. Si invraisemblable que cela puisse paraître, le propriétaire de celui où nous résidions lors de notre premier séjour à New York — c'était en pleine guerre froide — ne trouva rien de mieux que d'accrocher à son mât l'étendard... de l'URSS. On aurait tort de ne voir là que le fruit de l'ignorance, voire du mépris traditionnel de l'Amérique pour l'histoire de l'Europe. Une mésaventure presque similaire nous arriva en effet quelques années plus tard en Espagne franquiste. Nous devions passer une nuit dans un petit hôtel de montagne. Dans l'entrée avaient été accrochés aux murs les portraits des personnalités les plus prestigieuses qui s'y étaient déjà arrêtées. Lors de notre départ, mon mari fut sollicité pour envoyer une photo de lui dédicacée afin de figurer, lui aussi, dans cette galerie improvisée. Wladimir le fit bien volontiers. Quelques mois plus tard, nous revînmes dans cet hôtel. La photo de mon mari, héritier du trône des Romanoff, s'y trouvait encadrée avec, au-dessus d'elle, le drapeau soviétique ! Son visage passa alors par toutes les couleurs avant qu'il ne reprenne ses esprits et explique au responsable du lieu, le plus calmement possible, pourquoi il fallait enlever immédiatement le rectangle rouge maladroitement disposé près de son portrait. L'homme comprit très vite.

Au cours d'une soirée organisée par des amis à New York, nous rencontrâmes le général MacArthur. Au terme du dîner, il nous demanda où nous résidions et s'il pouvait nous rendre visite le surlendemain. Nous acceptâmes avec enthousiasme de faire plus ample connaissance avec cette légende vivante de l'histoire militaire américaine.

Sa culture était immense et sa passion pour l'Asie, surtout le Japon, totale et sincère. Commandant en chef de l'armée américaine au moment de l'invasion des Philippines par l'empire du Soleil-Levant, il avait rapidement été nommé à la tête des troupes alliées dans le Pacifique. Ayant installé son quartier général en Australie, il prépara avec brio la reconquête de l'Asie occupée. Midway, Guadalcanal, Iwo-Jima, Okinawa ; tous ces noms de bataille lointaines et exotiques prenaient une autre dimension, prononcés par la bouche de celui-là même qui en avait été le maître d'œuvre.

Après la victoire finale contre le Japon, MacArthur

accepta de rester à Tokyo et de présider lui-même à la reconstruction du pays vaincu. Puis ce fut l'invasion de la Corée par la Chine communiste en 1950. Pour le général américain qui voyait là le premier signe d'un expansionnisme qui ne s'arrêterait pas, il n'y avait pas dix manières d'en venir à bout. Il n'y en avait qu'une, qui avait fait ses preuves à Hiroshima et Nagasaki. *Cedant arma togae*, le président Truman ne le permit pas et révoqua le bouillant soldat, par ailleurs soutenu par la majorité de l'opinion publique de son pays. Révoqué, il revint dans une Amérique qui lui témoigna sa considération et son attachement en le fêtant partout où il se rendit. Pendant ce temps, le mao-communisme faisait son chemin dans les rizières et les montagnes d'Asie.

Douglas MacArthur ne paraissait même pas aigri. Et encore moins satisfait de voir les événements lui donner raison. De ses longues années passées dans le Pacifique, il avait gardé un profond amour des peuples asiatiques. Comment aurait-il pu se réjouir de les voir dévorés un à un par le Minotaure communiste ?

Cette Asie dont nous avait parlé le général MacArthur, Wladimir et moi eûmes l'occasion, à notre tour, d'apprendre à la connaître. Ce fut d'abord un voyage mémorable à Taïwan, l'île de Formose plus communément appelée la Chine nationaliste, par opposition à la Chine communiste. À peine étions-nous arrivés que nous reçûmes une invitation à souper du général Tchang Kaï-chek en personne qui avait appris par quelque source inconnue que nous nous trouvions à Taipei. Nous n'étions guère enthousiastes mais il nous était difficile de refuser.

Le soir même, une voiture avec chauffeur vint nous

chercher pour nous conduire dans sa résidence où nous attendait l'un des plus extraordinaires dîners auxquels j'eus le loisir de participer. Il était présidé par ce curieux général au visage émacié, traversé par une petite moustache et dont la voix un peu aiguë reflétait mal le caractère trempé dans l'acier. Pas moins de dix-sept plats nous furent servis. Dix-sept, chiffre trompeur ! Conformément à la coutume, nous ne pouvions goûter de chaque mets qu'une seule bouchée ! Avec pour effet, qu'à la fin du banquet, nous demeurions totalement affamés. Mais la tête emplie des échos d'histoires aussi inouïes les unes que les autres.

La vie de Tchang-Kaï-chek est un roman dont celui qui en fut à la fois l'auteur et le héros m'apprit ce soir-là les principaux chapitres.

Tchang Kaï-chek naît en 1887 dans une Chine qui ne s'ouvre alors que timidement aux étrangers. En 1911, il fait partie des révolutionnaires qui proclament la république. Membre du Kuomintang, il part rejoindre au début des années 20 une académie militaire soviétique conformément au vœu du maître du pays, Sun Yat-sen, dont il a épousé la belle-sœur, Soon Meiling. Le « père de la révolution » estime alors que seule une alliance avec le jeune parti communiste chinois peut permettre au pays de se libérer des tutelles étrangères et réduire définitivement l'influence des anciens seigneurs de la guerre du Nord.

En 1925, Tchang Kaï-chek succède à Sun Yat-sen et parvient à unifier dans sa quasi-totalité le pays. Opérant un virage politique radical, il se lance dans une lutte sans merci contre son ancien allié communiste qu'il suspecte de vouloir renverser la jeune République. Massacres et représailles se succèdent pendant plusieurs années jusqu'à la fuite de Mao et de ses troupes dans le Chen-si qu'ils atteignent au terme de la Longue Marche. Tchang Kaï-chek peut alors concentrer ses efforts sur la modernisation du pays. Admirateur de Confucius, converti au christianisme, il invite les Chinois à travailler dans la discipline et le respect des traditions ancestrales.

En 1937, l'invasion japonaise interrompt son œuvre. Prélude extrême-oriental à la Seconde Guerre mondiale, elle force le général nationaliste à négocier une nouvelle union avec les communistes afin de combattre l'occupant étranger fort de son alliance avec les régimes totalitaires européens. Installé en Chine du sud pendant la guerre, il subit de plein fouet le grand assaut final japonais en 1944 tandis que Mao organise les régions du centre et du nord délaissées par l'ennemi. Pis, il voit peu à peu fondre l'aide américaine après qu'un envoyé spécial du président Roosevelt a jugé sa cause « perdue ».

En l'écoutant ce soir-là, et alors qu'il était hors de question de l'interrompre, je ne pouvais m'empêcher de penser à nos généraux blancs. La même obstination, le même mépris des réalités politiques. D'ailleurs, il continuait son récit d'une voix monocorde.

Après le départ des Japonais, la médiation du général Marshall entre Tchang Kaï-chek et Mao échoue. La guerre civile reprend. Fort du soutien des campagnes, le parti communiste oblige le chef nationaliste à reculer de plus en plus au sud jusqu'à la victoire finale en 1949. Tchang Kaï-chek quitte alors le continent pour l'île de Formose. Avec lui, un million et demi d'hommes, de femmes et d'enfants fuyant le régime de terreur qui s'annonce. Celui-ci fera, selon *Le Livre noir du communisme*, soixante-cinq millions de victimes en Chine. C'est-à-dire à peu près l'équivalent de la population de la France en l'an 2000.

Le général chinois est aujourd'hui mort. Mais les deux Chines sont toujours vivantes. Il les connaissait toutes les deux. Il en avait été le maître tour à tour. Drôle d'homme, vraiment, que sa manie de faire poster un policier en civil devant la porte de notre chambre d'hôtel pendant toute la durée de notre séjour à Taïwan ne laissa pas aussi de nous intriguer. C'était, nous expliquait-on, « pour nous protéger ». De qui ? De quoi ? Je m'interroge encore aujourd'hui. Comme je m'interroge sur son insistance à nous accompagner sur le quai du port d'où nous quittâmes son pays par bateau. Un geste aussi touchant qu'étonnant. Le geste d'un ami ou d'un frère, ce qu'il n'était pas.

Le geste d'un compagnon d'infortune partageant nos souffrances d'exilés, me souffle une petite voix mélancolique.

L'attirance pour le jeu est un trait de caractère que j'ai hérité de mon père. L'ayant immédiatement remarqué, il m'a initiée dès l'enfance, j'ai raconté comment, aux subtilités du backgammon. Je lui en suis particulièrement reconnaissante, ne serait-ce que pour cet épisode de ma vie qui se déroula vers 1956 au cours d'un autre voyage.

C'était au Liban. Je me rendais alors avec mon mari en pèlerinage en Terre sainte. Un jour, il nous arriva de pénétrer dans une boutique où trois Arabes étaient en train de disputer d'interminables parties de backgammon. Comme je les regardais attentivement jouer, l'un d'entre eux, qui ne cessait de gagner, me demanda si je connaissais ce jeu. Lui ayant répondu par l'affirmative, il me proposa une partie, ce que je m'empressai d'accepter. Il pensait m'humilier assez facilement. Malheureusement pour lui, je remportai trois parties successives, à la grande joie de ses infortunés amis qui tenaient là leur revanche par personne interposée. En l'occurrence, ravissement supplémentaire pour eux, par une femme. Mieux, une étrangère ! En quelques minutes, le magasin s'emplit de curieux dont les moqueries rendaient mon adversaire de plus en plus furieux. À chaque fin de partie perdue, il me suppliait de relancer les dés pour, au moins, emporter une victoire et échapper à l'affront total. Mais la pression de la foule commençait à nous inquiéter et nous décidâmes de partir. Nous devions apprendre plus tard qu'il m'avait cherchée partout dans la ville, son jeu sous le bras, pour obtenir, enfin, sa revanche.

S'il est encore vivant, je suis sûr qu'il me cherche encore.

Dix ans plus tard, Wladimir et moi entreprîmes *le* voyage. Un tour du monde ! De cette aventure extraordinaire qui l'est devenue un peu moins de nos jours avec l'explosion de la technique et le développement de la société de loisirs, ce fut notre étape dans le Grand Nord qui me marqua le plus profondément.

Nous avions pris l'avion pour le Groënland avant de rejoindre, en compagnie d'un couple d'amis allemands, l'archipel de Svalbard, possession norvégienne de 60 000 km^2, habitée par quelques milliers d'habitants essentiellement regroupés sur l'île la plus vaste, le Spitzberg, les trois quarts d'entre eux étant russes, leurs coutumes et leur mode de vie demeurant cependant très éloignés des nôtres.

À notre atterrissage sur l'aéroport du Spitzberg, un comité d'accueil nous attendait. Un journal ayant publié l'information selon laquelle nous nous rendions dans la région, tous les maires et les gouverneurs des provinces du Svalbard désiraient nous souhaiter la bienvenue. Un grand tapis rouge avait été déployé au pied de l'appareil, et fut prestement découpé en petits morceaux-souvenirs après notre passage ! Merveille de la réputation. De simples touristes dont nous avions projeté d'endosser les (chauds) habits, nous étions devenus, à peine le sol du Salbard foulé, des « invités permanents » : à notre disposition, guides, voitures et avions privés.

L'île blanche du Spitzberg, l'île du Roi-Charles, l'île Hope, l'île aux Ours — la plus belle... Les paysages blancs et vierges étaient vraiment fantastiques. Chaque jour révélait son lot de surprise. La taille énorme des fruits et légumes ; la rudesse des habitants, souvent des prisonniers un peu portés sur l'alcool et réputés préférer les animaux à la compagnie des hommes, en particulier quand il s'agit d'étrangers ; les promenades en traîneau ; et les sapins « décorés » avec des fleurs et des champignons en plein mois d'août qui me plongèrent plusieurs jours durant dans l'expectative. Jusqu'au jour où le directeur de notre hôtel me fournit l'explication ; l'hiver étant très long dans cette région proche du pôle Nord, les écureuils faisaient sécher leurs provisions tout l'été sur les branches des arbres. Difficile à deviner.

Malgré notre impression première, tous les gens que nous rencontrâmes se révélèrent d'une grande gentillesse à notre égard. Au fond, la rareté des visites d'étrangers avait suscité chez eux plus de curiosité que de méfiance à l'égard de ceux-ci. Je devais garder des relations avec quelques-uns d'entre eux longtemps après notre retour. Certains vinrent même me rendre visite à Paris et à Madrid.

Après le Grand Nord, ce fut le Japon, juste après les

Jeux olympiques. L'archipel avait accompli un grand bond en avant à cette occasion et s'était modernisé. Certaines traditions n'avaient pourtant pas disparu, ce qui donna du piment à notre séjour. Ainsi l'habitude de retirer les lits des chambres durant la journée dans les hôtels. Wladimir en fut quitte pour des siestes à même le sol.

Nous prîmes ensuite le bateau pour les Philippines, Singapour, Hong Kong, Ceylan. C'était aussi féerique que les châteaux de la Loire que nous avions visités en 1967, ou cette superbe croisière en 1959 dans les Antilles où nous avions régulièrement droit, en fin de repas, à la fameuse « coupe glacée Romanoff ». Mais il y avait, en Asie, cette petite notion qu'on appelle le dépaysement et que l'on ne peut jamais oublier.

Dépaysants ou non, ces voyages constituaient, inconsciemment sans doute, une échappatoire géographique à ce rêve que nous caressions avec la même intensité, Wladimir et moi.

Ce rêve portait un nom comme un chevalier son étendard : Russie.

13

Le retour

L'arrivée au pouvoir de Mikhaïl Gorbatchev en Russie en 1986 fut la première étape d'un immense mouvement de libération des peuples d'Europe de l'Est. Sans doute n'imaginait-il pas alors que sa politique de *glasnot* et de *perestroïka* aboutirait à la destruction totale du système soviétique. Dès la mise en application des premières réformes en URSS, Wladimir et moi fûmes envahis d'un immense espoir. Chose impensable pendant de trop longues décennies, des critiques profondes du communisme avaient commencé à se faire entendre à Moscou. Par effet de balancier, le nom des Romanoff se trouvait peu à peu réhabilité, phénomène que la chute du mur de Berlin allait accélérer. À la télévision, des drapeaux tsaristes apparurent lors de manifestations. Notre cher ami Noureev, qui incarnait toute la grâce de la danse, et dont je jalousais affectueusement l'immense carrière, nous avait maintes fois raconté ce qu'était la vie dans ce monde soviétique où il était né et avait grandi. Et si d'un coup le cauchemar s'estompait ? Et si un retour en Russie devenait possible ?

« Nous n'irons que si nous sommes conviés à le faire », répétait Wladimir. Sage résolution.

Quelques jours après le putsch manqué d'août 1991

contre Boris Eltsine, une invitation officielle nous parvint. Elle émanait d'Anatoli Sobtchak, le maire de Leningrad. Il avait décidé de rendre à la ville de Pierre le Grand son nom d'origine, Saint-Pétersbourg. À cette occasion, il souhaitait organiser de fastueuses fêtes pour célébrer le retour de la cité à ses racines historiques. Il pensait que notre présence donnerait encore plus de lustre aux cérémonies.

Nous acceptâmes.

Dans l'avion privé qui nous emmenait en Russie, Wladimir ne pouvait détacher son regard du hublot à travers lequel se devinaient les plaines de Russie occidentale recouvertes d'un manteau de neige. Pour lui, ce voyage n'était pas un retour mais une découverte. Né en Finlande, il n'avait jamais foulé le sol de cette patrie qui était néanmoins la sienne et dont il connaissait par cœur l'âme et l'histoire.

Lorsque l'avion atterrit sur la piste principale de l'aéroport, je ne pus m'empêcher d'applaudir. Un geste moins destiné à féliciter le pilote qu'à remercier tous ceux grâce à qui j'allais enfin revoir mon pays, Sobtchak, Eltsine, Gorbatchev, mais aussi tous ceux et celles, anonymes ou célèbres, qui avaient donné leur vie, leur temps, leur argent pour que les Romanoff ne fussent pas oubliés.

Au pied de la passerelle, Anatoli Sobtchak et son épouse, Lyudmila, nous accueillirent avec chaleur et nous conduisirent jusqu'aux Zil noires qui devaient nous emmener sur l'île de Pierre où avait été établie notre résidence. Entre-temps, malgré la nuit tombée sur le tarmac, nous réussîmes à apercevoir dans l'aéroport quelques dizaines de personnes informées de notre arrivée. Habillés des uniformes des plus prestigieux régiments impériaux, ils agitaient des drapeaux de l'Ancien Régime.

Le lendemain, 6 novembre, promenade en ville avec Wladimir. Je retrouve, la gorge nouée par l'émotion, ces rues et ces monuments qu'un demi-siècle d'exil n'a pu effacer de ma mémoire d'enfant. La forteresse Saint-Pierre-et-Paul, le pont Anitchkov, le Cavalier de Bronze, la flèche de l'Amirauté, la perspective Alexandre-Nevski, Notre-Dame-de-Kazan, l'île Vassilievski. Partout où nous allons, les mêmes scènes se répètent. Le bouche à oreille a jeté sur notre passage des milliers de personnes qui, pour la plupart, ignoraient qu'il restât des membres de la famille impériale vivants. Beaucoup nous observent sans oser nous aborder. Certains se signent. D'autres pleurent, discrètement.

Une cérémonie religieuse est organisée à la cathédrale Saint-Isaac. Il y a là, entre les colonnes vertes de malachite, le patriarche Alexis, entouré de seize évêques, les maires de Moscou et de Leningrad — ce n'est que demain, 7 novembre, date-anniversaire du début de la Révolution, que Saint-Pétersbourg renaîtra officiellement. Un représentant du gouvernement Eltsine est présent aussi. Et surtout, à l'intérieur de l'église, sur le parvis et dans les rues alentour, des milliers d'anonymes venus prier et communier avec nous à la résurrection de la Russie. Wladimir est invité à baiser l'icône sertie d'or que lui tend le primat de l'Église orthodoxe russe. Un Romanoff n'avait plus été invité à accomplir ce geste depuis trois quarts de siècle.

Après une conférence de presse retransmise à la télévision, nous nous rendons au palais Wladimirovitch. C'est ici même que le père de Wladimir a vu le jour et où son grand-père, le frère d'Alexandre III, est mort. Nous recevons quelques invités dans un des grands salons ornés de souvenirs. Parmi eux, le vice-maire de la ville, un homme discret et réservé. Son nom ? Vladimir Poutine.

Soudain, des détonations.

Nous rejoignons le balcon qui surplombe la Neva. Le ciel est éclairé par un feu d'artifice auquel assiste une immense foule rassemblée sur la place du Palais. En son sein, un orchestre en perruques XVIIIe siècle. Mon cœur se serrera un peu plus quand je remarquerai, un peu plus tard, qu'un pope est aussi là, noyé au cœur du peuple russe, un portrait de Nicolas II brandi au bout de ses bras. Wladimir, lui, ne réussira pas à retenir ses larmes.

Nous sommes repartis le lendemain. Heureux et tristes à la fois. Au moment d'entrer dans l'avion, Wladimir s'est retourné, a fait un signe de croix puis m'a regardée droit dans les yeux : « Je meurs, je veux être enterré là », m'a-t-il soufflé. Puis il a rejoint sa place et s'est plongé dans un silence mélancolique que je n'ai pas osé troubler durant le voyage.

Pourquoi cette subite évocation de la mort ? Éprouvait-il un pressentiment fatal ?

Les mois qui suivirent notre voyage à Saint-Pétersbourg furent éprouvants. Chaque jour nous parvenaient des lettres auxquelles Wladimir mettait un point d'honneur à répondre, des invitations que nous essayions d'honorer, des demandes d'entretiens auxquelles nous nous pliions de bonne grâce.

En février 1992, Boris Eltsine effectua une visite d'État en France. À cette occasion, l'homme qui avait fait raser la maison Ipatiev quand il était gouverneur de la région d'Ekaterinbourg exprima son souhait de rencontrer la communauté russe émigrée. Nous nous rendîmes donc rue de Grenelle, dans la résidence de l'ambassadeur de Russie, jadis propriété des tsars. Ce fut un moment chargé d'émotion. Après avoir solennellement déclaré être ici en ami et nous avoir remerciés, le président russe s'approcha de Wladimir. Leur poignée de main apparemment ne dura que quelques secondes. Soixante-quinze ans, en fait.

En dehors de ce type de sollicitations, mon mari mettait toute son énergie à convaincre des banques ou des entreprises d'investir en Russie. C'était, à ses yeux, un des moyens pour empêcher son pays de plonger dans un marasme économique, situation qui susciterait, qui sait ?, quelque nostalgie du système communiste.

En avril 1992, nous fûmes invités à Miami par plusieurs institutions financières qui se déclaraient prêtes à entendre les arguments de mon mari. Nous y fûmes merveilleusement accueillis. L'hôtel où nous résidions était somptueux et nous disposions en permanence d'une voiture avec chauffeur. Quelque chose me troublait, toutefois. Wladimir ne voulait pas que je le quitte un seul instant. Curieux. Inquiétant.

Nous étions à quelques jours des fêtes pascales et j'étais bien décidée à m'échapper quelques heures de ces interminables et ennuyeuses réunions de travail où m'entraînait mon mari pour faire quelques courses. Une de mes amies, la princesse Nelly Ouroussoff, alla le voir pour lui faire changer d'avis. La réponse fut terrible. Je n'avais jamais vu Wladimir parler de façon aussi désagréable et autoritaire, même à un homme. J'en étais aussi surprise que mon amie terrifiée.

Une fois de retour dans notre chambre, il me supplia une nouvelle fois de ne pas le quitter. Le ton avait changé mais la volonté restait la même. Toute la nuit, je dis bien toute la nuit, il tint ma main dans la sienne. Ce n'était jamais arrivé.

Le lendemain matin, il se leva d'excellente humeur et nous nous rendîmes à une première conférence qui avait lieu dans une banque près de notre hôtel. Il prit ensuite un café et rejoignit un autre groupe d'interlocuteurs. J'étais assise dans un fauteuil quelques mètres en face de lui. Soudain, il s'effondra sur la table alors qu'il répondait à une question. Immédiatement, plusieurs personnes se précipitèrent vers lui tandis qu'on appelait un médecin. Je restai quant à moi clouée sur mon siège. Mon cerveau refusait d'envisager le pire et m'obligeait à envisager un simple assoupissement. Tout le monde courait, affolé, et moi je ne bougeais pas.

Après avoir tenté en vain de le ranimer, les médecins s'approchèrent de moi pour m'annoncer la terrible nouvelle. Wladimir Kyrillovitch grand-duc de Russie, mon mari, était mort. Rupture d'anévrisme. Nous étions le 21 avril 1992. Quarante-quatre ans de vie commune prenaient fin.

Un monde s'écroulait.

Wladimir était mort comme il avait vécu, au service de sa patrie. Il était de mon devoir de poursuivre son exemple et son œuvre. Sans attendre. Je décidai donc de maintenir la grande conférence de presse qui devait avoir lieu le lendemain matin très tôt. Parce qu'il aurait voulu qu'il en fût ainsi. Certains trouvèrent mon geste curieux, voire indécent. Je savais qu'il était légitime. Wladimir était venu à Miami pour que le monde sache, grâce aux journalistes, que des banques américaines se mobilisaient pour la Russie. Annuler cette réunion aurait empêché l'écho du succès de son voyage de se propager. Or, c'était justement cet écho qui, selon mon mari, encouragerait d'autres personnes à investir dans la Russie post-communiste.

Les événements me donnèrent raison. Plus de mille deux cents journalistes s'entassèrent dans la salle de presse où le prince Nicolas Oroussoff lut, dans un silence respectueux, le texte rédigé par Wladimir quelques heures avant son décès.

Ma préoccupation fut ensuite de trouver un prêtre russe avant que les autorités américaines n'enlèvent le corps quelques heures pour analyser avec certitude les raisons de son décès. N'avait-il pas été drogué ou empoisonné ? La soudaineté de sa mort laissait libre cours à des interprétations qu'elles voulaient définitivement faire taire.

Ce fut finalement un prêtre orthodoxe grec qui vint bénir le corps de Wladimir et me soutenir dans cette épreuve dont je commençais à percevoir les difficultés. Le nombre important de marques d'affection que je recevais du monde entier me fut aussi d'un grand réconfort. Par exemple, la lettre de l'ambassadeur des États-Unis, Walter J.P. Curley : « Ma femme et moi avons été extrêmement peinés d'apprendre la triste nouvelle de la brusque disparition de Son Altesse Impériale le grand-duc Wladimir, m'écrivit-il le surlendemain de l'accident. Comme vous le savez, nous l'admirions et l'aimions beaucoup. Nous avons perdu un ami, et votre famille ainsi que votre pays ont perdu le Gardien de la Flamme. Je tiens à vous assurer que nos pensées et nos prières sont auprès des vôtres et de vous-même. Que Dieu bénisse le grand-duc Wladimir et qu'il protège ses successeurs, votre fille et votre petit-fils. »

De Madrid, Maria avait exprimé le souhait de venir

me rejoindre aux États-Unis. Je la dissuadai en lui demandant simplement de venir nous retrouver à Paris. Le corps de Wladimir devait y être rapatrié afin d'être déposé dans la crypte du cimetière de Sainte-Geneviève-des-Bois. Provisoirement. Grâce à l'appui d'Anatoli Sobtchak et de son épouse, Boris Eltsine avait accordé l'autorisation d'enterrer mon mari à Saint-Pétersbourg.

Six mois après avoir pu, pour la première fois, fouler le sol russe, Wladimir allait revenir dans son pays.

Définitivement.

Une première grand-messe eut lieu le 29 avril dans la cathédrale Saint-Isaac en présence du patriarche Alexis et de dizaines de familles princières. Au terme des six heures que dura la cérémonie, le cercueil fut conduit jusqu'à la chapelle d'un petit cimetière près de la forteresse Saint-Pierre-et-Paul. Entre le portail d'entrée du cimetière et la pièce où le corps de Wladimir resterait encore trente jours avant d'être solennellement enterré, s'était constituée spontanément une haie de jeunes. Tous avaient revêtu un uniforme, qui des armées cosaques, qui de régiments impériaux dissous après 1917. Leur silence, leur sincérité et leurs larmes ne firent qu'accroître ma tristesse. Et mes regrets. Si seulement Wladimir avait vécu un ou deux ans de plus, je suis persuadée que l'histoire de la Russie eût été différente.

J'avais décidé de passer quelques jours en France avant de revenir pour l'enterrement de Wladimir. Auparavant, j'avais toutefois multiplié les visites privées dans plusieurs lieux de mémoire. La maison Pouchkine, le palais Menchikov et surtout le monastère de Valaam, située sur une petite île du lac Ladoga, au nord de Saint-Pétersbourg.

Les prêtres qui vivent là avaient ceci de particulier qu'ils avaient continué à officier pendant toute la durée du communisme en Russie. Même aux pires heures de la répression antireligieuse, le régime soviétique les avait laissés en paix, posant pour seule condition qu'ils n'aient aucun contact avec l'extérieur et vivent en totale autarcie, ce à quoi ils avaient réussi.

Les deux repas auxquels ils me convièrent furent extraordinaires. Délaissant les propres plats qu'ils avaient confectionnés, les prêtres ne cessèrent d'entonner des chants traditionnels ou régimentaires dont certains, sans doute, n'étaient plus connus que d'eux seuls. Il y en avait toutefois un que je n'avais pas oublié. Le plus beau de tous : « Que Dieu sauve le tsar. »

Outre ces visites, je passai beaucoup de temps à négocier la permission d'enterrer Wladimir à la place qui lui revenait : dans la chapelle de la forteresse Saint-Pierre-et-Paul, près de son grand-père, Wladimir Alexandrovitch, oncle de Nicolas II. Si Boris Eltsine avait accepté que Wladimir soit inhumé dans la nécropole de ses ancêtres, certaines voix s'étaient élevées pour empêcher qu'il le fût à l'intérieur de la forteresse Saint-Pierre-et-Paul. D'ailleurs, faisaient remarquer ces personnes, une telle cérémonie supposait des travaux d'agrandissement du caveau et il restait trop peu de temps pour les effectuer. Ma colère et mon entêtement eurent raison des préventions objectées au président russe. Et les travaux furent terminés à temps.

Il y a même désormais une place supplémentaire prévue, la mienne.

L'enterrement eut lieu le 29 mai 1992 à midi précis. Auparavant, une grande liturgie de requiem fut célébrée par Alexis II en la cathédrale Saint-Isaac. Près de moi, se tenaient mes filles Maria, Hélène, et mon petit-fils Gueorgui et tous nos fidèles amis. « Au cas où il m'arriverait malheur, avait dit mon mari, quelques semaines avant sa disparition, je souhaite confier à la protection du peuple russe ma fille, la grande-duchesse Maria, et mon petit-fils, Gueorgui. »

Une foule immense s'était déplacée pour voir passer le cercueil recouvert du drapeau bleu brodé de l'aigle à deux têtes. Des jeunes, des vieux, des riches, des pauvres, des Pétersbourgeois, des Français d'origine russe blanche émigrés, des princes, des paysans : c'était une image de la Russie souffrante et divisée rassemblée dans la même communion, dans la même renaissance. Le rêve de Wladimir était réalisé.

À la sortie de la cathédrale, alors que je me dirigeais vers la forteresse Saint-Pierre-et-Paul, un jeune garçon m'attrapa par le bras. « Qu'allons-nous devenir maintenant que le grand-duc est mort ? » me demanda-t-il, inquiet. Sa voix était celle d'un orphelin.

Pendant toutes ces années, mes deux filles, Hélène et Maria, me furent d'un grand secours. Si Maria sut accepter les devoirs de sa charge, Hélène m'est toujours restée cette première enfant, celle qui vous fait mère et avec laquelle l'intimité, au fil du temps, le dispute a toujours plus de tendresse. Grâce à elles, je me sentis moins seule.

Je suis revenue plus de quarante fois en Russie depuis l'enterrement de Wladimir. Toujours invitée. J'ai ainsi pu participer aux commémorations de la bataille de la Moscova et des fêtes de la Borodino. Ce que je retiens de ces voyages ? La Russie change. Doucement, à son rythme — qui est celui d'un continent.

Si certains réflexes hérités de soixante-dix ans de communisme perdurent, j'ai constaté moi-même qu'il suffit parfois d'un peu de temps et de patience pour les faire disparaître. Je me souviens par exemple d'un séjour en Sibérie et dans plusieurs régions baignées par la Volga en juin et juillet 1993. Maria et Gueorgui m'accompagnaient. C'est à cette occasion que nous nous rendîmes à Ekaterinbourg sur les lieux du massacre des Romanoff. Nous avions déjà pris le train, la voiture et l'avion quand nous avons été conviés à monter sur un bateau. Son capitaine nous reçut sans chaleur et nous fit vite comprendre dans quel mépris il tenait des membres d'une famille royale, fût-elle celle de son pays. Nous bavardâmes avec lui toute la soirée, puis nous nous couchâmes. Le lendemain matin, il s'approcha de nous et nous déclara qu'il se repentait d'avoir parlé ainsi. Il ne s'agissait pas là d'un ralliement opportuniste mû par un quelconque intérêt matériel. Juste la réaction d'un homme prenant conscience des mensonges qui lui avaient été inculqués depuis son plus jeune âge.

Cela ne se passait pas toujours aussi facilement. Combien de fois ai-je été victime de petites vexations de la part d'individus dont ma présence agaçait la conscience d'anciens fonctionnaires fidèles du régime communiste ! Une fois, un homme refusa de me laisser distribuer les médicaments que j'avais apportés avec moi pour les enfants de son village, et ce alors que j'avais toujours mis un point d'honneur à venir en Russie avec des cartons de vêtements, de nourriture ou de médicaments pour les hôpitaux, les écoles ou les orphelinats, le geste étant plus fort que moi puisque je n'aime pas rentrer à la maison les mains vides... Motif invoqué : il s'agissait peut-être de drogue ! Aussitôt, je le prévins que j'irais évoquer ce fâcheux incident à la télévision. Un quart d'heure après, il m'accordait son autorisation.

Qu'on ne s'y trompe pas. Je ne réserve pas mes accès de mauvaise humeur aux anciens apparatchiks. Toute ma vie, je me suis fiée à cette intuition qu'on appelle féminine pour juger certaines situations et certaines personnes que la raison et l'objectivité froide ne me permettaient pas d'évaluer. Il y a quelques années, le général Lebed était en visite en France. Il m'appela la veille de son départ et me demanda si je voulais bien le recevoir en présence de journalistes. J'ai refusé. Sur le coup, je me suis moi-même demandé pourquoi. C'était comme si une petite voix m'avait glissé : « Léonida, ton parti, c'est le peuple russe. Si tu acceptes, Lebed utilisera peut-être cette rencontre pour sa campagne électorale. » Le célèbre général russe a-t-il compris ce qui motivait mon refus ? Toujours est-il qu'il m'a rappelée un peu plus tard pour me proposer une rencontre juste avant son départ le lendemain matin. Il viendrait seul et personne ne le saurait. Cette fois, j'ai accepté. J'ai accepté comme j'ai toujours accepté de recevoir à titre privé et sans publicité tous les Russes de passage à Paris ou à Madrid demandant à me voir pour un conseil ou un avis. Qu'ils fussent des intellectuels, des chefs d'entreprise ou des hommes politiques comme Eltsine. Il m'est ainsi arrivé d'offrir un collier de malachite à son épouse qui s'était extasiée devant cette parure à mon domicile. Ou encore d'inviter M. Primakov à déjeuner au Grand Véfour.

De mes voyages là-bas, je devais aussi rapporter un peu de cette terre russe que je fis répandre solennellement sur la tombe de Rudolf Noureev, enterré au cimetière de Sainte-Geneviève-des-Bois.

Je suis aussi revenue à trois reprises en Géorgie. Seulement trois fois ? Oui. Par mon mariage, je suis devenue russe et, si mon pays natal reste cher à mon cœur, il est de mon devoir de penser d'abord à la Russie.

À Tiflis, j'ai retrouvé les couleurs et les odeurs de mon enfance. La ville m'a paru plus petite que le souvenir que j'en avais conservé. J'ai revu la maison où j'ai grandi — de l'extérieur seulement. Elle est aujourd'hui occupée. Mon petit-fils m'a accompagnée deux fois en Géorgie où j'ai pu faire enterrer mes parents dans la nécropole royale il y a quelques années. Il n'en fallait pas plus à Gueorgui pour comprendre le peuple géorgien dont la pauvreté matérielle est égale à la richesse morale.

Georgui a aujourd'hui dix-neuf ans. Qu'il est loin le petit garçon que je venais chercher à la sortie du lycée Stanislas quand nous habitions Paris, dans un appartement situé à deux pas du palais Talleyrand où avait résidé jadis Alexandre Ier ! À cette époque, il pratiquait l'escrime et l'équitation et adorait les jeux vidéo. Mais, déjà, il avait conscience de son statut.

Pour son dixième anniversaire, je lui avais offert un uniforme de cosaque qu'il revêtait dès que des amis venaient le voir à la maison. Il suivait des cours de catéchisme à l'école religieuse de la rue Daru et se montrait d'une curiosité insatiable sur l'histoire de la Russie et de ses ancêtres. En particulier sur Pierre le Grand, son tsar préféré. Il dévorait Pouchkine et apprenait la langue russe avec une passion sincère.

Quand nous sommes revenus nous installer à Madrid, nous l'avons inscrit à l'école anglaise de la ville. La disparition de Wladimir l'a profondément bouleversé. Il éprouvait le sentiment d'avoir perdu son père tant ils étaient proches l'un de l'autre. Cette épreuve l'a, d'une certaine manière, endurci et encouragé dans sa formation de futur héritier du trône.

Aujourd'hui, il poursuit ses études à Oxford. Il parle russe, anglais, français et espagnol et vit comme la plupart des jeunes princes européens. À la fois profondément ancré dans son époque et totalement préparé à jouer le rôle que l'Histoire et son peuple pourraient lui confier un jour.

Souvent, quand il est près de moi mais occupé, je le regarde et je songe à ce livre de Youri Boriev, *La Staliniade*, dans lequel l'auteur comparait l'histoire de la Russie alors soviétique à la course d'un train : « Le train se dirige vers un avenir radieux, écrivait-il. Il est conduit par Lénine. Soudain, stop ! Il n'y a plus de voies. Lénine ordonne aux Russes de travailler le samedi. Des rails sont posés et le train repart. Il est maintenant conduit par Staline. De nouveau la voie est interrompue. Staline fait fusiller la moitié des contrôleurs et passagers, puis oblige ceux qui restent à poser de nouvelles voies. Le train redémarre. Staline est remplacé par Khrouchtchev. Celui-ci, au moment où la voie s'arrête encore, fait démonter les rails qui ont déjà servi et les fait placer devant la locomotive. Khrouchtchev est remplacé par Brejnev. Quand la voie est une fois de plus interrompue, Brejnev ordonne de voiler les fenêtres du train et de bercer ses wagons afin que les passagers aient l'illusion que le train poursuit sa route. »

Depuis, d'autres conducteurs ont été nommés. Andropov, Tchernenko, Gorbatchev, Eltsine, Poutine... de nouvelles voies ont été posées, certaines ôtées, et toujours le train peine à retrouver un rythme régulier et une direction fixe. En pensant à cela, j'observe mon petit-fils et m'interroge. N'est-ce pas plutôt la compagnie des chemins de fer russe actuelle qu'il faudrait supprimer pour lui substituer celle qui a fait ses preuves dans l'Histoire ? Gueorgui Romanoff ne ferait-il pas un excellent conducteur ? Ce sera aux Russes d'en décider. Quant à lui, et c'est là toute ma prière et mon espérance, je désire qu'il accomplisse, comme l'Histoire le voudra, le service de ce peuple auquel sa naissance l'a destiné.

Au moment de clore ces mémoires, resurgit dans mon souvenir une belle aurore à Jérusalem, au couvent orthodoxe du Mont-des-Oliviers, alors que j'avais participé à un office nocturne. Mère Tamara, ma parente, autrefois princesse, qui s'y était retirée, et qui en était devenue l'Abesse, m'avait dit, à la sortie de l'église, en regardant le Ciel : « Tout matin qui se lève est une grâce. » À contempler ce qu'a été ma vie, moi qui n'ai pas connu la paix de l'ascèse, qui ai été jetée dans le bruit et la fureur du siècle, qui en ai éprouvé à ma mesure de femme toutes les tourmentes et toutes les espérances, je ne peux m'empêcher de répéter à mon tour : « Oui, chaque matin est une grâce. » À nous, quelles que soient les circonstances, d'ouvrir les yeux.

Table des matières

Photocomposition
Nord Compo (Villeneuve d'Ascq)
Achevé d'imprimer en octobre 2000
sur presse Cameron
par ***Bussière Camedan Imprimeries***
à Saint-Amand-Montrond (Cher)

Imprimé en France
Dépôt légal : octobre 2000.
N° d'édition : 9675. N° d'impression : 005038/4.